CADERNO DE ATIVIDADES

4

Organizadora: Editora Moderna
Obra coletiva concebida, desenvolvida e produzida pela Editora Moderna.

Com resumo dos conteúdos

Editora Executiva:
Marisa Martins Sanchez

NOME: ....

....TURMA: ....

ESCOLA: ....

....

1ª edição

© Editora Moderna, 2019

Elaboração de originais:

Christina Binato
Licenciada em Letras pela Universidade Mackenzie. Editora.

Kelly Soares
Licenciada em Letras pela Pontifícia Universidade Católica de São Paulo. Especialista em Linguagens da Arte pela Universidade de São Paulo. Editora e criadora de conteúdo para livros didáticos.

Márcia Maria Villanacci Braga
Licenciada em Pedagogia pelo Centro Universitário Assunção. Pós-graduada em Psicopedagogia pela mesma instituição. Professora do Ensino Fundamental em escolas particulares. Orientadora Educacional do Ensino Fundamental em escola particular.

Marisa Martins Sanchez
Licenciada em Letras pelas Faculdades São Judas Tadeu. Professora dos Ensinos Fundamental e Médio em escolas públicas e particulares. Editora.

Coordenação editorial: Marisa Martins Sanchez
Edição de texto: Ofício do Texto Projetos Editoriais
Assistência editorial: Ofício do Texto Projetos Editoriais
Gerência de *design* e produção gráfica: Everson de Paula
Coordenação de produção: Patricia Costa
Suporte administrativo editorial: Maria de Lourdes Rodrigues
Coordenação de *design* e projetos visuais: Marta Cerqueira Leite
Projeto gráfico: Adriano Moreno Barbosa, Daniel Messias, Mariza de Souza Porto
Capa: Bruno Tonel
  Ilustração: Raul Aguiar
Coordenação de arte: Wilson Gazzoni Agostinho
Edição de arte: Teclas Editorial
Editoração eletrônica: Teclas Editorial
Coordenação de revisão: Elaine Cristina del Nero
Revisão: Ofício do Texto Projetos Editoriais
Coordenação de pesquisa iconográfica: Luciano Baneza Gabarron
Pesquisa iconográfica: Ofício do Texto Projetos Editoriais
Coordenação de *bureau*: Rubens M. Rodrigues
Tratamento de imagens: Fernando Bertolo, Joel Aparecido, Luiz Carlos Costa, Marina M. Buzzinaro
Pré-impressão: Alexandre Petreca, Everton L. de Oliveira, Marcio H. Kamoto, Vitória Sousa
Coordenação de produção industrial: Wendell Monteiro
Impressão e Acabamento: NB Impress

Lote 781.336
Cod 12120283

Dados Internacionais de Catalogação na Publicação (CIP)
(Câmara Brasileira do Livro, SP, Brasil)

Buriti plus : português : caderno de atividades / organizadora Editora Moderna ; obra coletiva concebida, desenvolvida e produzida pela Editora Moderna ; editora executiva Marisa Martins Sanchez. – 1. ed. – São Paulo : Moderna, 2019. – (Projeto Buriti)

Obra em 5 v. para alunos do 1º ao 5º ano.

1. Português (Ensino fundamental) I. Sanchez, Marisa Martins. II. Série.

19-25846   CDD-372.6

Índices para catálogo sistemático:
1. Português : Ensino fundamental 372.6

Maria Alice Ferreira — Bibliotecária — CRB-8/7964

ISBN 978-85-16-12028-3 (LA)
ISBN 978-85-16-12029-0 (LP)

Reprodução proibida. Art. 184 do Código Penal e Lei 9.610 de 19 de fevereiro de 1998.
Todos os direitos reservados
EDITORA MODERNA LTDA.
Rua Padre Adelino, 758 – Belenzinho
São Paulo – SP – Brasil – CEP 03303-904
Vendas e Atendimento: Tel. (0_ _11) 2602-5510
Fax (0_ _11) 2790-1501
www.moderna.com.br
2023
Impresso no Brasil

1 3 5 7 9 10 8 6 4 2

Neste *Caderno de Atividades*, você encontrará uma grande variedade de atividades para exercitar ainda mais seus conhecimentos de gramática e de ortografia.

Logo no início, há uma seção chamada **Lembretes** com o resumo de conteúdos estudados no 4º ano. Você pode recorrer a ela para refrescar a memória, caso tenha se esquecido de algum conceito.

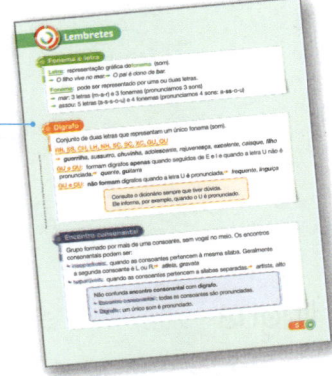

Na seção **Desafio**, ao final de cada bloco, há atividades instigantes, às quais você deve responder. Fique atento para encontrar alguns erros de gramática e de ortografia.

Esperamos que você sinta prazer em usar este *Caderno* e que ele o ajude a ficar craque em língua portuguesa!

Os editores

Sumário

Lembretes	**5**
Fonema e letra	17
Encontro vocálico	19
Divisão silábica em encontros vocálicos	21
Desafio	**23**
Encontro consonantal	24
Divisão silábica de encontros consonantais	26
Dígrafo	28
Divisão silábica dos dígrafos	30
Desafio	**32**
Vocativo	33
Acentuação	35
Aposto	38
Desafio	**40**
Variedades da língua	41
Acentuação de palavras paroxítonas	44
Substantivo simples e substantivo composto	46
Desafio	**48**
Adjetivo e locução adjetiva	49
Terminação OSO/OSA	51
Graus do adjetivo: comparativo e superlativo	53
A e AI, E e EI, O e OU	55
Desafio	**57**
Pessoas gramaticais e pronome pessoal	58
G e J	61
Pronome de tratamento	63
C e Ç	65
Desafio	**68**
Terminações EZ e EZA	69
Verbo: pessoa e número	71
S, SS, SC, SÇ e XC	75
Desafio	**78**
Concordância: substantivo e verbo	79
Terminações ISAR e IZAR	81
Tempos verbais: presente, passado e futuro	82
Terminações AM e ÃO	86
Desafio	**88**

Lembretes

Fonema e letra

Letra: representação gráfica do fonema (som).
→ *O filho vive no **m**ar.* → *O pai é dono de **b**ar.*

Fonema: pode ser representado por uma ou duas letras.
→ *mar*: 3 letras (m-a-r) e 3 fonemas (pronunciamos 3 sons)
→ *assou*: 5 letras (a-s-s-o-u) e 4 fonemas (pronunciamos 4 sons: a-**ss**-o-u)

Dígrafo

Conjunto de duas letras que representam um único fonema (som).

RR, SS, CH, LH, NH, SC, SÇ, XC, GU, QU

→ *gue*rril*ha, su**ss**urro, **ch**uvi**nh**a, adole**sc**ente, rejuvene**sç**a, ex**c**elente, caia**qu**e, fi**lh**o*

GU e QU: formam dígrafos **apenas** quando seguidos de E e I e quando a letra U não é pronunciada. → *q**u**ente, g**u**itarra*

GU e QU: **não formam** dígrafos quando a letra U **é** pronunciada. → *fre**qu**ente, lin**gu**iça*

> Consulte o dicionário sempre que tiver dúvida.
> Ele informa, por exemplo, quando o U é pronunciado.

Encontro consonantal

Grupo formado por mais de uma consoante, sem vogal no meio. Os encontros consonantais podem ser:

- **inseparáveis:** quando as consoantes pertencem à mesma sílaba. Geralmente a segunda consoante é L ou R. → *a**tl**eta, **gr**avata*
- **separáveis:** quando as consoantes pertencem a sílabas separadas. → *a**rt**ista, a**lt**o*

> Não confunda **encontro consonantal** com **dígrafo**.
> - **Encontro consonantal**: todas as consoantes são pronunciadas.
> - **Dígrafo**: um único som é pronunciado.

Lembretes

Encontro vocálico

Encontro de duas ou mais vogais em uma palavra. → b**ai**le, b**ei**jo, l**ou**sa, c**oi**sa, q**uai**s, q**uão**, ig**uai**s, t**uiuiú**

Ditongo: encontro de duas vogais na mesma sílaba.
→ m**ai**o, f**ei**ra, c**oi**ce, r**ui**vo, f**au**na, **eu**rop**eu**, c**ou**ro, part**iu**

Tritongo: encontro de três vogais na mesma sílaba.
→ Parag**uai**, Urug**uai**, g**uai**curu, sag**uão**, apazig**uou**

Hiato: encontro de duas vogais que não se encontram na mesma sílaba.
→ S**aa**ra, pr**ee**ncher, enj**oo**, t**ea**tro, b**aú**, d**ue**to, j**oe**lho

Divisão silábica

Dígrafos

- **Inseparáveis:** CH, LH, NH, GU, QU. → **ch**a-pi-**nh**a, **gu**i-**lh**o-ti-na, **qu**ei-ja-di-**nh**a
- **Separáveis:** RR, SS, SC, SÇ, XC. → so-co**r**-**r**o, mi**s**-**s**a, na**s**-**c**en-te, cre**s**-**ç**o e**x**-**c**e-len-te

Encontros consonantais

- **Inseparáveis:** BL, CL, FL, GL, PL, TL, BR, CR, DR, FR, GR, PR, TR, VR.
  → **bl**u-sa, **cl**o-ne, **fl**o-ral, **gl**a-ci-al, a-**pl**i-car, a-**tl**e-ta
  → **br**e-ga, a-**cr**o-ba-ta, **dr**a-gão, **fr**i-tu-ra, **gr**u-ta, **pr**o-va, le-**tr**a, pa-la-**vr**a

- Os demais encontros consonantais **se separam**, a não ser que estejam no começo de palavra; nesse caso, **nunca** se separam.
  → **gn**o-mo – di-a**g**-**n**ós-tico   **pn**eu-mo-ni-a – hi**p**-**n**o-se
  → **ps**i-có-lo-go – co-la**p**-**s**o   **pt**e-ro-dá-ti-lo – ra**p**-**t**o

- Os encontros consonantais PC e PÇ **nunca** iniciam palavras. → egí**p**-**c**io – o**p**-**ç**ão

Encontros vocálicos

- **Inseparáveis:** ditongos e tritongos.
  → f**ei**-ra, c**oi**-ce, r**ui**-vo, f**au**-na, **eu**-ro-p**eu**, c**ou**-ro
  → Pa-ra-g**uai**, g**uai**-cu-ru, sa-g**uão**, a-pa-zi-g**uou**

- **Separáveis:** hiatos. → S**a**-**a**-ra, pr**e**-**e**n-cher, en-j**o**-**o**, t**e**-**a**-tro, b**a**-**ú**, d**u**-**e**-to, j**o**-**e**-lho

Letras e dígrafos

C tem som S quando é seguido de E e I. → **Cec**í**l**ia

C tem som K quando é seguido de A, O e U. → **cac**au, **co**la, **cu**bo

Ç tem som S. Sempre é seguido de A, O e U. Nunca inicia uma palavra.

→ a**ç**aí, a**ç**o, a**ç**ude

S tem som S no início ou no final de palavras e de sílabas.

→ **s**apato, sapato**s**, en-**s**ino, pe**s**-ca

SS tem som S e só aparece entre vogais.

→ a**ss**a**ss**ino, intere**ss**e, ru**ss**o, a**ss**ustado

O dígrafo **SC** tem som S.	O dígrafo **SÇ** tem som S.	O dígrafo **XC** tem som S.
→ cre**sc**er, pi**sc**ina	→ cre**sç**a, rejuvene**sç**o	→ e**xc**elência, e**xc**esso

G tem som J quando vem antes das vogais E e I.

→ **ge**neral, **gi**bi, gara**ge**m, aler**gi**a

X pode representar os sons CH, S, Z e CS.

→ bai**x**o, e**x**tra, e**x**ato, fi**x**o

Na escrita, usa-se a **letra X**:

- imediatamente após ditongo. → cai**x**a, pei**x**e, trou**x**a

- imediatamente após a sílaba inicial EN. → en**x**ada, en**x**uto

> **Atenção!**
>
> Palavras derivadas de **cheio** e **charco** são escritas com CH.
> → en**ch**er, en**ch**ente, en**ch**arcar

> Veja algumas dicas de **leitura** das letras que representam o som Z.
> - S entre vogais. → defe**s**a, vali**s**e, gulo**s**o
> - X depois da letra E. → e**x**ame, e**x**emplar, e**x**ibir
> - Z no início ou no meio da palavra. → **z**agueiro, quin**z**e, **z**íper

Lembretes

Acento tônico e acento gráfico

Acento tônico: indica a sílaba tônica, a sílaba mais forte da palavra.

→ gra**va**ta, pla**ne**ta, **mi**lho, can**tor**, **mu**do
           acento tônico

Acento gráfico (agudo e circunflexo): sinal gráfico colocado sobre a vogal da sílaba tônica.

→ **rá**pido, **tê**nis, **fér**til, **cír**culo, **côn**sul
          acento gráfico

> Não confunda **acento tônico** com **acento gráfico**!
> A sílaba tônica nem sempre tem acento gráfico.

- **Acento agudo (´):** em alguns casos, indica que o som da vogal é aberto.
  → caf**é**, **ó**rgão

- **Acento circunflexo (^):** indica que o som da vogal é fechado.
  → voc**ê**, tric**ô**

Acentuação

Sílaba tônica: sílaba pronunciada com mais intensidade.

Dependendo da **posição da sílaba tônica**, a palavra é classificada em:

- **oxítona** – quando a sílaba tônica é a última.
  → fu**bá**, can**ção**, chu**lé**, a**tor**, si**ri**, vo**vó**, vo**vô**, uru**bu**, fu**nil**, ra**paz**

- **paroxítona** – quando a sílaba tônica é a penúltima.
  → **á**gua, es**tre**la, va**ci**na, **mun**do, a**go**ra, di**fí**cil, ca**rá**ter, **tó**rax

- **proparoxítona** – quando a sílaba tônica é a antepenúltima.
  → **má**gica, **cé**rebro, **fí**gado, e**sô**fago, fu**rún**culo, estu**dá**vamos

Lembretes

Acentuação das palavras proparoxítonas: todas as proparoxítonas são acentuadas.

→ c**á**lice, **â**ncora, lib**é**lula, p**ê**ssego, v**í**nculo, **ó**pera, term**ô**metro, b**ú**ssola

Acentuação das palavras monossílabas: são acentuadas as monossílabas tônicas terminadas em A, E, O, seguidos ou não de S.

→ c**á**, p**á**s, f**é**, m**ê**s, d**ó**, n**ó**s, v**ô**

Acentuação de palavras oxítonas: são acentuadas as oxítonas terminadas em A, E, O, seguidos ou não de S, e EM, ENS.

→ bab**á**, atr**á**s, mar**é**, conv**é**s, jil**ó**, rob**ô**s, ningu**é**m, armaz**é**ns

Acentuação das palavras paroxítonas

São acentuadas as paroxítonas terminadas em:

- ditongo, seguido ou não de S → brânqu**ia**, jóqu**eis**, mercúr**io**
- us e i(s) → bôn**us**, tôn**us**, tá**xi**, biquí**ni**, tên**is**, láp**is**
- ão(s), ã(s), um, uns → bênç**ão**, bênç**ãos**, órf**ã**, órf**ãs**, álb**um**, fór**uns**
- L, N, R, X, PS → combustíve**l**, hífe**n**, éte**r**, tóra**x**, ôni**x**, bíce**ps**

Variedades da língua

Variedades da língua: são as diferentes maneiras de falar, de acordo com a idade, a situação social e cultural das pessoas e a região onde vivem. Nenhuma é errada, pois todas permitem a comunicação.

Variedade padrão (norma urbana de prestígio): é a variedade da língua que se aprende na escola e tem mais prestígio social.

→ colher, máscara, roupa, goiabeira, difícil, as moedas

Variedade não padrão: são todas as maneiras diferentes de falar da norma urbana de prestígio.

→ cuié, mascra, ropa, goiabera, difícir, as moeda

Lembretes

Vocativo

Vocativo: é o termo (palavra ou expressão) usado na frase para se dirigir ao interlocutor, como um chamamento. Ele pode aparecer no começo, no meio ou no fim da frase e é separado dos outros termos geralmente por vírgula.

→ **André**, você vai à casa de sua tia amanhã?

→ Você conhece as novas regras desse jogo, **André**?

Aposto

Aposto: é o termo que explica uma palavra ou expressão da frase. Em geral, é escrito entre vírgulas ou entre travessões. Pode também aparecer depois de dois-pontos em uma enumeração.

→ Marina, **a irmã de Paulo**, faz aniversário amanhã.

→ Ontem comprei materiais escolares para Joana: **borracha, lápis, canetas coloridas e um caderno novo**.

Substantivo

Substantivo simples: é formado por uma só palavra.

→ tio, avô, roda, pé, tempo, flor, arara, erva

Substantivo composto: é formado por duas ou mais palavras, ligadas ou não por hífen.

→ tio-avô, rodapé, passatempo, beija-flor, arara-azul, erva-doce, bem-te-vi, pé de moleque

Adjetivo

Indica uma característica do substantivo, que pode ser uma qualidade, um defeito, o modo de ser, a aparência.

→ funcionário **honesto**, trânsito **horrível**, criança **educada**, cão **bravo**

Locução adjetiva: expressão formada por duas ou mais palavras que têm a mesma função do adjetivo, isto é, caracterizar o substantivo.

→ água **de chuva**, estátua **de marfim**, amor **de mãe**

Graus do adjetivo

- **Grau comparativo:** compara a característica de dois ou mais seres.
  - → Laís é *tão* **experiente** *quanto* Rafael.
  - → Laís é *menos* **experiente** *(do) que* Rafael.
  - → Laís é *mais* **experiente** *(do) que* Rafael.

- **Grau superlativo:** intensifica a característica de um ser.
  - → Isa parece *muito* **feliz**.
  - → Isa parece *felicíssima*.
  - → Isa parece *a mais* **feliz** *de* todas as primas.

- Os adjetivos bom, mau, grande e pequeno têm formas especiais.

Adjetivo	Grau comparativo	Grau superlativo
bom	melhor	ótimo
mau	pior	péssimo
grande	maior	máximo
pequeno	menor	mínimo

OSO/OSA: formam **adjetivos** derivados de substantivos.

- → cheiro: cheir + osa = *cheirosa*
  - substantivo / adjetivo
- → espaço: espaç + oso = *espaçoso*
  - substantivo / adjetivo

- As terminações OSO/OSA dão ideia de "cheio ou cheia de".
  - → *perigoso* = cheio de perigo
  - → *vaidosa* = cheia de vaidade

EZ e EZA: geralmente formam **substantivos** derivados de adjetivos.

- → ácido: ácid + ez = *acidez*
  - adjetivo / substantivo
- → certo: cert + eza = *certeza*
  - adjetivo / substantivo

> Os adjetivos terminados em ÊS e ESA indicam origem ou procedência de pessoas ou coisas. São escritos sempre com S. → produto chin**ês**, torta holand**esa**

Lembretes

Pessoas gramaticais e pronomes

Pessoas gramaticais ou pessoas do discurso: são as pessoas, animais ou coisas que participam das situações de comunicação.

- 1ª pessoa: quem fala (quem começa a comunicação).
- 2ª pessoa: com quem se fala (para quem se dirige a comunicação).
- 3ª pessoa: de que ou de quem se fala (o assunto).

Pronome pessoal: palavra usada no lugar de um substantivo. Os pronomes pessoais indicam as três pessoas do discurso.

Singular	1ª pessoa	eu, me, mim, comigo
	2ª pessoa	tu, te, ti, contigo
	3ª pessoa	ele, ela, se, si, consigo, o, a, lhe
Plural	1ª pessoa	nós, nos, conosco
	2ª pessoa	vós, vos, convosco
	3ª pessoa	eles, elas, se, si, consigo, os, as, lhes

Pronome de tratamento: usado para demonstrar familiaridade ou reverência com quem falamos.

Alguns pronomes de tratamento	
você	para familiares e amigos
senhor (sr.), senhora (sra.)	para pessoas de modo geral
Vossa Senhoria (V. Sa.)	em comunicações formais
Vossa Excelência (V. Exa.)	para altas autoridades
Vossa Eminência (V. Ema.)	para cardeais
Vossa Santidade (V. S.)	para o papa
Vossa Majestade (V. M.)	para reis e rainhas
Vossa Alteza (V. A.)	para príncipes e duques

Verbo

O <u>verbo no infinitivo</u> não indica pessoa, número nem tempo. É com essa forma que ele aparece no dicionário. → *chor**ar**, sofr**er**, sorr**ir***

A terminação do verbo no infinitivo indica a <u>conjugação</u> a que ele pertence:

- AR – 1ª conjugação; ER – 2ª conjugação (o verbo **pôr** também pertence à 2ª conjugação); IR – 3ª conjugação

O verbo se flexiona em <u>pessoa</u> e <u>número</u>.

Pessoa gramatical	Número	
	Singular	Plural
1ª pessoa	eu ajudo	nós ajudamos
2ª pessoa	tu ajudas	vós ajudais
3ª pessoa	ele/ela ajuda	eles/elas ajudam

O verbo se flexiona para indicar o <u>tempo</u> em que acontece o fato.

- Presente: indica um fato que acontece no momento em que se fala.
  → *Ana respeita as leis.*

- Passado (ou pretérito): indica um fato ocorrido antes do momento em que se fala.
  → *Ana respeitou as leis.*

- Futuro: indica um fato que acontecerá depois do momento em que se fala.
  → *Ana respeitará as leis.*

A 3ª pessoa do plural dos verbos no <u>passado</u> termina em AM.

→ *respeitar**am**, obedecer**am**, unir**am***

A 3ª pessoa do plural dos verbos no <u>futuro</u> termina em ÃO.

→ *respeitar**ão**, obedecer**ão**, unir**ão***

Lembretes

Modelo da 1ª conjugação verbal – Modo indicativo

Os verbos regulares terminados em AR seguem o modelo de conjugação do verbo CANTAR.

Presente	Pretérito perfeito	Pretérito imperfeito	Pretérito mais--que-perfeito	Futuro do presente	Futuro do pretérito
canto	cantei	cantava	cantara	cantarei	cantaria
cantas	cantaste	cantavas	cantaras	cantarás	cantarias
canta	cantou	cantava	cantara	cantará	cantaria
cantamos	cantamos	cantávamos	cantáramos	cantaremos	cantaríamos
cantais	cantastes	cantáveis	cantáreis	cantareis	cantaríeis
cantam	cantaram	cantavam	cantaram	cantarão	cantariam

Modelo da 2ª conjugação verbal – Modo indicativo

Os verbos regulares terminados em ER seguem o modelo de conjugação do verbo BEBER.

Presente	Pretérito perfeito	Pretérito imperfeito	Pretérito mais--que-perfeito	Futuro do presente	Futuro do pretérito
bebo	bebi	bebia	bebera	beberei	beberia
bebes	bebeste	bebias	beberas	beberás	beberias
bebe	bebeu	bebia	bebera	beberá	beberia
bebemos	bebemos	bebíamos	bebêramos	beberemos	beberíamos
bebeis	bebestes	bebíeis	bebêreis	bebereis	beberíeis
bebem	beberam	bebiam	beberam	beberão	beberiam

Modelo da 3ª conjugação verbal – Modo indicativo

Os verbos regulares terminados em IR seguem o modelo de conjugação do verbo PARTIR.

Presente	Pretérito perfeito	Pretérito imperfeito	Pretérito mais--que-perfeito	Futuro do presente	Futuro do pretérito
parto	parti	partia	partira	partirei	partiria
partes	partiste	partias	partiras	partirás	partirias
parte	partiu	partia	partira	partirá	partiria
partimos	partimos	partíamos	partíramos	partiremos	partiríamos
partis	partistes	partíeis	partíreis	partireis	partiríeis
partem	partiram	partiam	partiram	partirão	partiriam

Alguns modelos de verbos irregulares – Modo indicativo

Verbo SER

Presente	Pretérito perfeito	Pretérito imperfeito	Pretérito mais-que-perfeito	Futuro do presente	Futuro do pretérito
sou	fui	era	fora	serei	seria
és	foste	eras	foras	serás	serias
é	foi	era	fora	será	seria
somos	fomos	éramos	fôramos	seremos	seríamos
sois	fostes	éreis	fôreis	sereis	seríeis
são	foram	eram	foram	serão	seriam

Verbo ESTAR

Presente	Pretérito perfeito	Pretérito imperfeito	Pretérito mais-que-perfeito	Futuro do presente	Futuro do pretérito
estou	estive	estava	estivera	estarei	estaria
estás	estiveste	estavas	estiveras	estarás	estarias
está	esteve	estava	estivera	estará	estaria
estamos	estivemos	estávamos	estivéramos	estaremos	estaríamos
estais	estivestes	estáveis	estivéreis	estareis	estaríeis
estão	estiveram	estavam	estiveram	estarão	estariam

Verbo IR

Presente	Pretérito perfeito	Pretérito imperfeito	Pretérito mais-que-perfeito	Futuro do presente	Futuro do pretérito
vou	fui	ia	fora	irei	iria
vais	foste	ias	foras	irás	irias
vai	foi	ia	fora	irá	iria
vamos	fomos	íamos	fôramos	iremos	iríamos
ides	fostes	íeis	fôreis	ireis	iríeis
vão	foram	iam	foram	irão	iriam

Lembretes

Verbo TER

Presente	Pretérito perfeito	Pretérito imperfeito	Pretérito mais-que-perfeito	Futuro do presente	Futuro do pretérito
tenho	tive	tinha	tivera	terei	teria
tens	tiveste	tinhas	tiveras	terás	terias
tem	teve	tinha	tivera	terá	teria
temos	tivemos	tínhamos	tivéramos	teremos	teríamos
tendes	tivestes	tínheis	tivéreis	tereis	teríeis
têm	tiveram	tinham	tiveram	terão	teriam

Verbo HAVER

Presente	Pretérito perfeito	Pretérito imperfeito	Pretérito mais-que-perfeito	Futuro do presente	Futuro do pretérito
hei	houve	havia	houvera	haverei	haveria
hás	houveste	havias	houveras	haverás	haverias
há	houve	havia	houvera	haverá	haveria
havemos	houvemos	havíamos	houvéramos	haveremos	haveríamos
haveis	houvestes	havíeis	houvéreis	havereis	haveríeis
hão	houveram	haviam	houveram	haverão	haveriam

Verbo FAZER

Presente	Pretérito perfeito	Pretérito imperfeito	Pretérito mais-que-perfeito	Futuro do presente	Futuro do pretérito
faço	fiz	fazia	fizera	farei	faria
fazes	fizeste	fazias	fizeras	farás	farias
faz	fez	fazia	fizera	fará	faria
fazemos	fizemos	fazíamos	fizéramos	faremos	faríamos
fazeis	fizestes	fazíeis	fizéreis	fareis	faríeis
fazem	fizeram	faziam	fizeram	farão	fariam

Fonema e letra

1 Leia este poema e complete-o com as letras que faltam.

Que pode fazer você
para o elefante
tão deselegante
ficar elegante?
Ora, troque o _____ por _____!

Mas se trocar, no rato,
o _____ por _____
transforma-o você
(veja que perigo!)
no seu pior inimigo:
o gato.

José Paulo Paes. Letra mágica. Em Poemas para brincar. São Paulo: Ática, 2011.

2 Complete o quadro.

Palavra	Número de sílabas	Número de letras	Número de fonemas
ás	1	2	2
uso			
amor			
bailarina			
pastel			
caderno			
pássaro			

▸ **Caderno** e **pássaro** têm o mesmo número de letras, mas a quantidade de fonemas deles é diferente. Explique por quê.

_____
_____
_____

3 Copie as palavras completando-as de acordo com os símbolos.

★ = 1 letra / 1 fonema   ✱ = 2 letras / 2 fonemas   ✦ = 2 letras / 1 fonema

ILUSTRAÇÕES: ALBERTO DE STEFANO

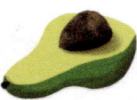

AB ✱ ATE: abacate

a) ALMOF ★ DA: ____________________

b) BAL ✱ A: ____________________

c) PI ✱ CA: ____________________

d) APONTADO ★: ____________________

e) 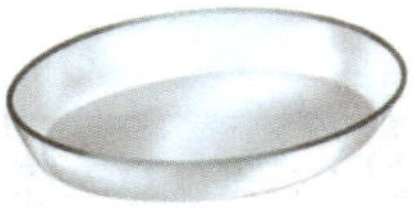 ✱ AVE ✦ A: ____________________

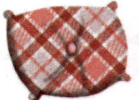

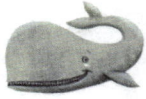

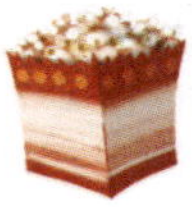

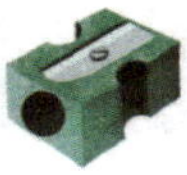

Reprodução proibida. Art. 184 do Código Penal e Lei 9.610 de 19 de fevereiro de 1998.

4 Leia em voz alta estas palavras.

menino   Lua   fixo

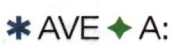

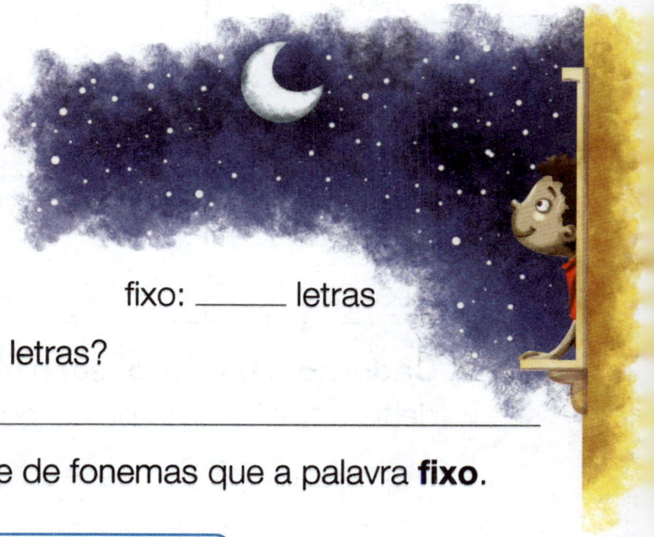

a) Quantas letras tem cada uma?

menino: ______ letras   Lua: ______ letras   fixo: ______ letras

b) Qual dessas palavras tem mais fonemas do que letras?

____

c) Sublinhe a palavra que tem a mesma quantidade de fonemas que a palavra **fixo**.

roxo   boxe   lixo   luxo

Encontro vocálico

1 Ligue as palavras ao número de vogais que cada uma apresenta.

amadurecimento	uma vogal
loja	cinco vogais
cadeado	duas vogais
adormecida	quatro vogais
faz	sete vogais

a) Pinte o quadrinho da palavra que tem duas vogais juntas.

b) Essas vogais estão na mesma sílaba ou em sílabas separadas?
_____

2 Circule os encontros vocálicos das palavras abaixo.

a) muito
b) aula
c) Uruguai
d) enxaguou
e) moída
f) enxaguei
g) bacia
h) suor
i) água
j) saúde
k) caipira
l) quais

➤ Organize essas palavras de acordo com a classificação do encontro vocálico.

Ditongo	Tritongo	Hiato

3 Escreva duas palavras que tenham:

ditongo ➡ _____

tritongo ➡ _____

hiato ➡ _____

4 Complete as palavras a seguir com encontros vocálicos.

rég _____   c _____   l _____ r

r _____   pr _____   sorveter _____

5 Encontre no diagrama seis palavras que tenham encontros vocálicos.

▸ Agora, classifique as palavras encontradas de acordo com os encontros vocálicos.

Ditongo	Tritongo	Hiato

Divisão silábica em encontros vocálicos

1. Separe as sílabas destas palavras.

paraguaio	
ouro	
quaisquer	
cuidado	
cruel	
raivoso	
miado	
iguais	
lealdade	

Atenção! Uma das palavras tem tritongo e hiato. Circule-a.

a) Copie as palavras em que há encontros vocálicos em sílabas separadas.

_____

b) O encontro vocálico separável, isto é, aquele em que as vogais ficam em sílabas diferentes, chama-se _____.

2. Ligue as colunas para completar as frases.

São ditongos: guai-a-ca, u-ru-guai-o, a-guei.

São tritongos: ma-mãe, bei-jo, pu-ni-ção.

▶ Os ditongos e os tritongos são:

☐ separáveis.   ☐ inseparáveis.

3. Separe as sílabas das palavras, sublinhe os encontros vocálicos e classifique-os em ditongo, tritongo ou hiato.

coelho	
averiguei	
reinado	

4 Separe as sílabas dos nomes a seguir.

Juliana ➡ _____

Hélio ➡ _____

Leandro ➡ _____

Cátia ➡ _____

Joaquim ➡ _____

Maria ➡ _____

➤ Agora, faça o que se pede.

a) Quais desses nomes apresentam ditongo?
_____

b) Quais deles apresentam hiato?
_____

c) Escreva mais dois nomes de pessoas: um que tenha ditongo e um que tenha hiato.
_____

5 Separe as sílabas dos verbos a seguir.

chegou ➡ _____

terminaria ➡ _____

gostaríamos ➡ _____

ouviram ➡ _____

confiamos ➡ _____

pediria ➡ _____

➤ Forme duas frases utilizando pelo menos um dos verbos acima.
_____
_____
_____
_____

DESAFIO

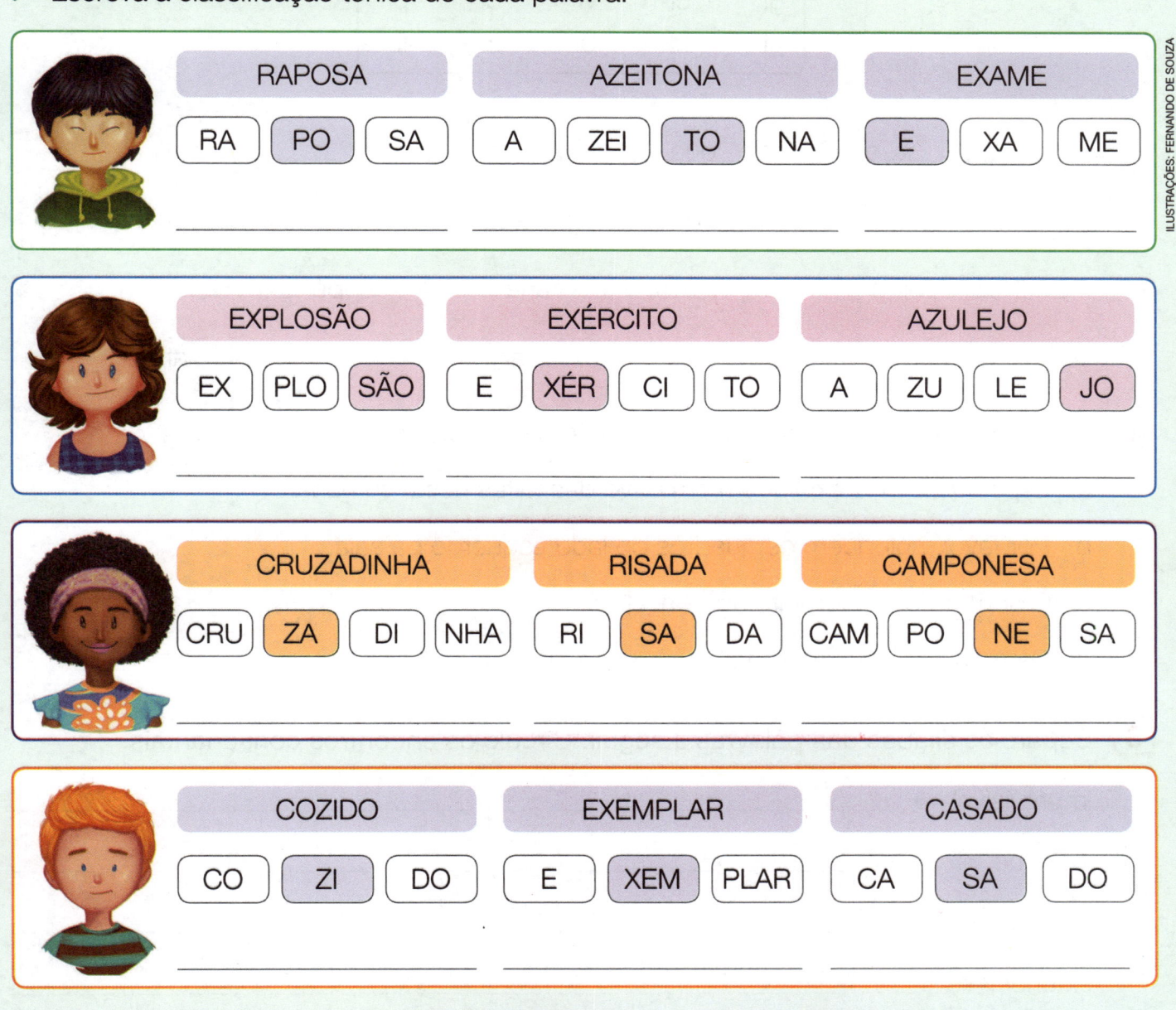

Ao pintar a sílaba tônica das palavras, cada criança cometeu um erro.
- Descubra o erro e circule a sílaba tônica correta.
- Escreva a classificação tônica de cada palavra.

RAPOSA — RA | PO | SA
AZEITONA — A | ZEI | TO | NA
EXAME — E | XA | ME

EXPLOSÃO — EX | PLO | SÃO
EXÉRCITO — E | XÉR | CI | TO
AZULEJO — A | ZU | LE | JO

CRUZADINHA — CRU | ZA | DI | NHA
RISADA — RI | SA | DA
CAMPONESA — CAM | PO | NE | SA

COZIDO — CO | ZI | DO
EXEMPLAR — E | XEM | PLAR
CASADO — CA | SA | DO

BELEZA — BE | LE | ZA
EXPOSIÇÃO — EX | PO | SI | ÇÃO
EXAUSTO — E | XAUS | TO

Encontro consonantal

1 Complete as palavras a seguir com um dos encontros consonantais do quadro.

gr	cl	vr	dr	pr
pl	fr	bl	tr	fl

sem_____e   qua_____ado   _____atina

_____óxima   en_____ada   _____ancês

_____ande   li_____aria   pú_____ico

_____aro   a_____icar   _____anela

2 Circule os encontros consonantais nas frases a seguir.

a) Espero que eles expliquem o motivo das faltas nesta semana.

b) Por favor, coloquem os quadros do lado esquerdo da sala.

c) O som da flauta é muito agradável.

d) Os meninos e as meninas brincaram na praça.

3 Separe as sílabas das palavras a seguir. Circule os encontros consonantais.

imprevisível ➡ _____

íngreme ➡ _____

aptidão ➡ _____

exterior ➡ _____

casco ➡ _____

crase ➡ _____

globo ➡ _____

indústria ➡ _____

4) Leia a tirinha.

MINDUIM — Charles M. Schulz

a) Circule as palavras que têm encontro consonantal na mesma sílaba.

b) Copie as palavras que têm encontro consonantal em sílabas separadas. Circule os encontros.

_____

c) Descreva a roupa do Minduim e a da amiga dele. Use ao menos duas palavras com encontro consonantal em cada descrição.

_____
_____
_____
_____

d) Procure no dicionário o significado da palavra **estagnada**, que aparece no terceiro quadrinho. Qual destas frases têm ideia semelhante?

☐ As águas do rio pararam de fluir.   ☐ As águas do rio fluem mansamente.

5) Leia a piadinha e sublinhe os encontros consonantais.

> O que o livro de Matemática falou para o livro de História?
> Não me venha com história que eu já estou cheio de problemas!

6) Copie da tirinha e da piada as palavras que têm dígrafo.

_____

Divisão silábica de encontros consonantais

1 Assinale o grupo de palavras em que todos os encontros consonantais estão em sílabas diferentes.

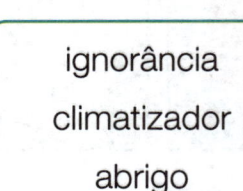
ignorância
climatizador
abrigo

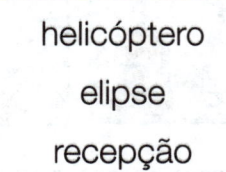
helicóptero
elipse
recepção

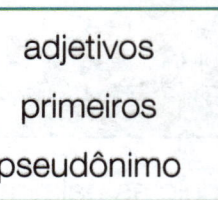
adjetivos
primeiros
pseudônimo

2 Leia as frases a seguir e circule os encontros consonantais nas palavras em destaque.

a) A princípio, foi difícil se **adaptar** à escola nova.

b) **Optamos** pelo caminho mais longo para fugir do trânsito.

c) O **pneu** deste carro precisa ser trocado imediatamente.

d) O uso da vírgula é **opcional** em alguns casos.

➤ Agora, separe as sílabas das palavras destacadas.

_____
_____
_____
_____

3 Separe as sílabas das palavras a seguir.

característica ➡ _____

gnomo ➡ _____

pseudônimo ➡ _____

atmosfera ➡ _____

nectarina ➡ _____

opção ➡ _____

aptidão ➡ _____

octógono ➡ _____

pneumonia ➡ _____

magnético ➡ _____

adjetivo ➡ _____

apneia ➡ _____

a) Circule os encontros consonantais nas palavras acima.

b) Em quais palavras os encontros consonantais aparecem na mesma sílaba?
_____

4 Separe as sílabas destas palavras.

| psicologia | pterodátilo | pneumático |

▸ Os encontros consonantais dessas palavras ficaram na mesma sílaba ou em sílabas diferentes? Justifique.
_____
_____
_____

5 Utilize as sílabas do quadro e complete as palavras. Depois, separe as sílabas de cada uma delas.

| dig | oc | dap | fic |

_____tício ➡ _____   in_____no ➡ _____

_____taedro ➡ _____   a_____tação ➡ _____

27

Dígrafo

1 Copie as palavras na tabela de acordo com o dígrafo encontrado nelas.

barraca	guia	carroça	quente	assim
banha	chove	velho	exceto	desço
excelente	quiabo	carinho	nascerão	agulha
descer	cresça	chulé	guepardo	assobio

QU		RR	
GU		SS	
NH		SC	
LH		SÇ	
CH		XC	

> Cada dupla de letras destacada na tabela representa quantos fonemas? ☐

2 Leia em voz alta estas palavras.

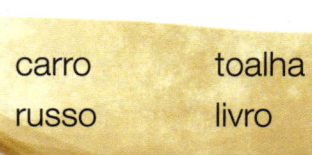

carro	toalha	atlas	barco	menina	fera
russo	livro	talco	bicho	xodó	linha

a) Copie as cinco palavras que contêm duas letras representando um único fonema.

_____

b) Circule nas palavras do barco as duas letras que representam um só fonema.

3 Acrescente uma letra e transforme estas palavras em outras com dígrafo.

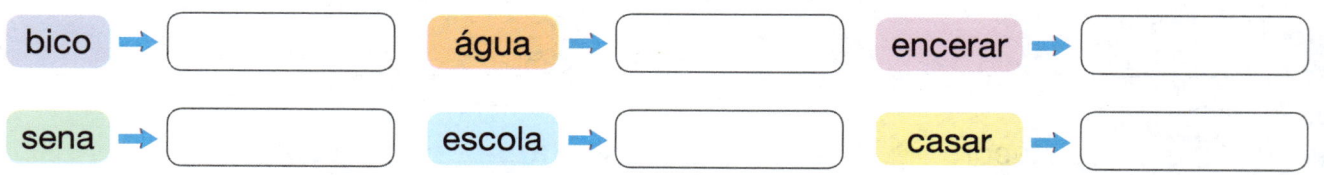

bico → ☐	água → ☐	encerar → ☐
sena → ☐	escola → ☐	casar → ☐

4 Encontre sete palavras que têm dígrafos e circule-as.

Q	W	B	G	U	E	L	R	A	S	T
U	U	A	R	U	P	Q	R	R	C	G
I	S	R	T	O	C	L	S	T	H	U
N	S	R	D	S	U	A	Ç	O	O	A
T	Z	I	F	S	V	H	E	X	R	I
A	Ç	G	U	O	F	I	L	H	O	S
C	K	A	M	A	X	I	L	A	U	V
J	N	A	S	C	E	N	T	E	Q	U

➤ Agora, complete as frases com as palavras que encontrou.

a) O cãozinho não larga o _____.

b) Meus primos são os _____ dos meus tios.

c) Ontem o bebê _____ de dor de _____.

d) Os peixes respiram pelas _____.

e) O antônimo de poente é _____.

f) Vou viajar no feriado de _____-feira.

5 Escreva dois nomes próprios que tenham dígrafos.

_____

_____

6 Assinale as palavras que têm dígrafos.

☐ trama   ☐ aguente   ☐ ninho   ☐ enxaguar   ☐ aquático   ☐ águia
☐ nascido ☐ desci   ☐ rolha   ☐ quintal   ☐ guará   ☐ bairro

➤ Por que algumas palavras não foram assinaladas?

_____

_____

_____

Divisão silábica dos dígrafos

1 Leia o texto a seguir.

A água é um recurso fundamental para a sobrevivência do ser humano. Ainda que 70% do planeta **Terra** seja coberto por água, apenas 1% desse volume é considerado potável. Da pequena parte hídrica que é apropriada para consumo humano, 12% ficam no Brasil, sendo 70% dessa água doce concentrada na Bacia Amazônica. O restante está distribuído de forma desigual – o Nordeste, por exemplo, possui apenas 5% das reservas brasileiras de água doce, sendo que boa parte desse volume é **subterrâneo** e com alto teor de sal. As reservas de água doce estão distribuídas de modo desigual em todo o mundo e, além disso, são constantemente ameaçadas de **escassez** e contaminação.

Tudo isso faz com que seja muito importante praticar o consumo **consciente** de água.

eCycle. "Consumo consciente de água: uso correto evita desperdício". Disponível em: <http://mcd.lk/phbtx>. Acesso em: 14 mar. 2019.

a) Segundo o texto, por que é importante economizar água?
_____
_____
_____

b) Separe as sílabas das palavras destacadas no texto.
_____
_____

c) Quais os dígrafos presentes nessas palavras?
_____

2 Observe os dígrafos destacados nas palavras abaixo. Depois, organize as palavras no quadro de acordo com a separação das sílabas.

i**lh**a	ex**c**eção	fo**gu**eira	**ch**arme	cre**sç**a
có**rr**ego	prome**ss**a	fro**nh**a	**qu**ente	

Dígrafo na mesma sílaba	Dígrafo em sílabas diferentes

3 Leia as palavras abaixo. Em seguida, circule aquelas em que GU e QU são dígrafos.

água	gueixa	quantidade
guiar	inquilino	adquirir
quociente	aquarela	sequência
frequência	aquela	foguete

a) Assinale a resposta correta. Por que GU e QU são dígrafos nessas palavras?

☐ Porque representam um único som.

☐ Porque representam dois sons.

b) Separe as sílabas das palavras que você circulou.

_____

_____

_____

_____

DESAFIO

Observe as ilustrações, a legenda e o criptograma.

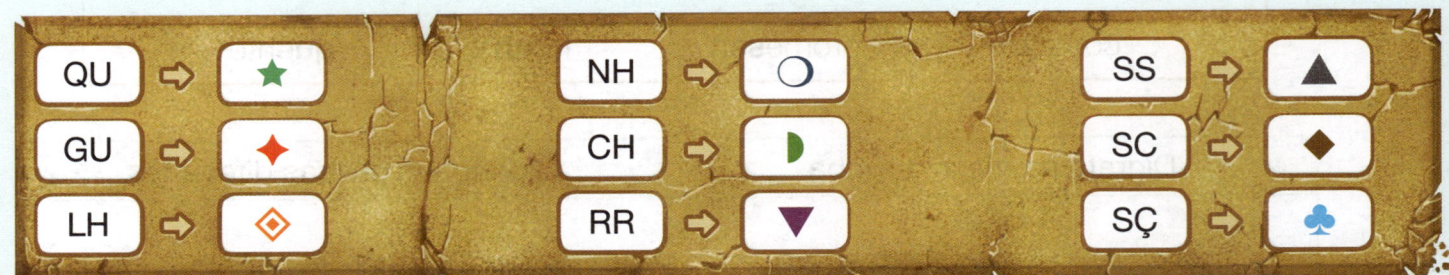

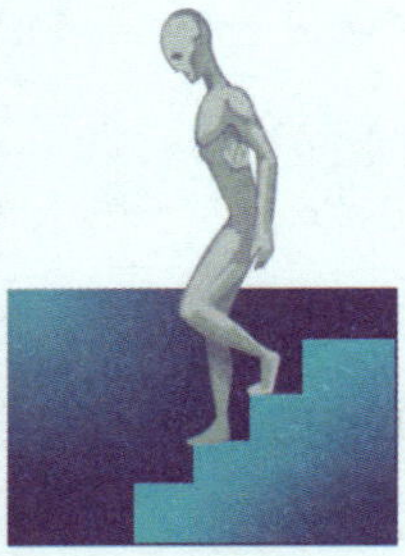

M	I	CH	O
LH	U	V	A
N	I	NH	O
C	A	SS	O
Á	GU	I	A
R	O	LH	A
D	E	SÇ	E	R
A	RR	A	D	A
N	A	SC	E	R
E	S	QU	I	L	O

- ✓ Circule o símbolo das cinco palavras que foram escritas com o dígrafo errado.
- ✓ Reescreva essas palavras corretamente.

_____

32

Vocativo

1 Leia as frases a seguir.

> – Joana, você quer ir ao parque conosco?
> – Você quer ir ao parque conosco, Joana?

> – Saibam, meus amigos, que sentirei saudades!
> – Meus amigos, saibam que sentirei saudades!

> Querido Bruno, escrevo esta mensagem para pedir desculpas.
> Escrevo esta mensagem, querido Bruno, para pedir desculpas.

a) Sublinhe os vocativos nas frases acima.

b) Em que posições os vocativos aparecem?
_____

c) Qual sinal de pontuação separa o vocativo do restante da frase?
_____

d) Em que situações são usados os vocativos?
_____
_____

2 Reescreva as orações a seguir utilizando o vocativo entre parênteses no início, no meio e no fim.

a) A história que vou contar é antiga. (caros amigos)
_____
_____
_____

b) Parabéns pelo seu aniversário! (querida amiga)
_____
_____
_____

33

c) Quero contar-lhe sobre o filme de ontem. (Júlia)

d) A festa será às oito horas. (Fernando)

3 Escreva uma frase conforme as indicações usando um vocativo em posição inicial.

a) Felipe / abrir a janela

b) Mariana / tomar sorvete

c) Professora / tirar uma dúvida

d) Querido diário / fazer um passeio com a minha turma

4 Reescreva as orações usando o vocativo no meio da oração. Atenção ao uso correto da vírgula!

a) Cíntia, olhe que bonita esta fotografia!

b) João, o nosso grupo combinou de estudar hoje à tarde.

c) Amigos, espero que vocês gostem do presente.

d) Professora, amanhã é o dia da apresentação do meu grupo.

Acentuação

1 Assinale somente as palavras com acento gráfico.

- ☐ bonito
- ☐ óleo
- ☐ príncipe
- ☐ manha
- ☐ órfão
- ☐ calor
- ☐ alô
- ☐ roubo
- ☐ óculos
- ☐ glacê
- ☐ unha
- ☐ automóvel

2 Escreva o nome das figuras.

> Circule a sílaba em que estão os acentos tônicos das palavras que você escreveu.

3 Encontre no diagrama três pares de palavras com as mesmas letras. Em cada par, o acento tônico recai sobre sílabas diferentes.

H	Á	B	I	T	O	Ú	C
A	W	B	Q	Ç	K	L	Á
B	Z	V	I	L	Ã	X	Q
I	K	I	W	F	H	W	U
T	J	L	C	A	Q	U	I
O	Y	A	K	É	P	Ç	T

> Escreva os pares de palavras que você encontrou. Depois, circule a sílaba tônica de cada palavra.

a) _____

b) _____

c) _____

4 Sublinhe a palavra intrusa, considerando-se a acentuação tônica e gráfica.

mágica	crônica	garganta
calcular	redação	búfalo
cálculo	brócolis	estômago

> Agora, copie apenas as palavras proparoxítonas.

_____

_____

5 Leia as palavras em voz alta e acentue, se necessário.

a) vibora   e) piramide   i) carcere   m) conjuge
b) pessego   f) vespera   j) timido   n) dadiva
c) naufrago   g) quilometro   k) exodo   o) obito
d) cupula   h) marmore   l) maquina   p) logico

> Agora, complete a frase.

Todas as palavras _____ são acentuadas.

6 Observe as cenas.

> Descreva a sequência dos acontecimentos, empregando as palavras proparoxítonas abaixo.

trânsito   relâmpago   parabólica

_____

_____

_____

_____

36

7 Pinte os balões de acordo com o código.

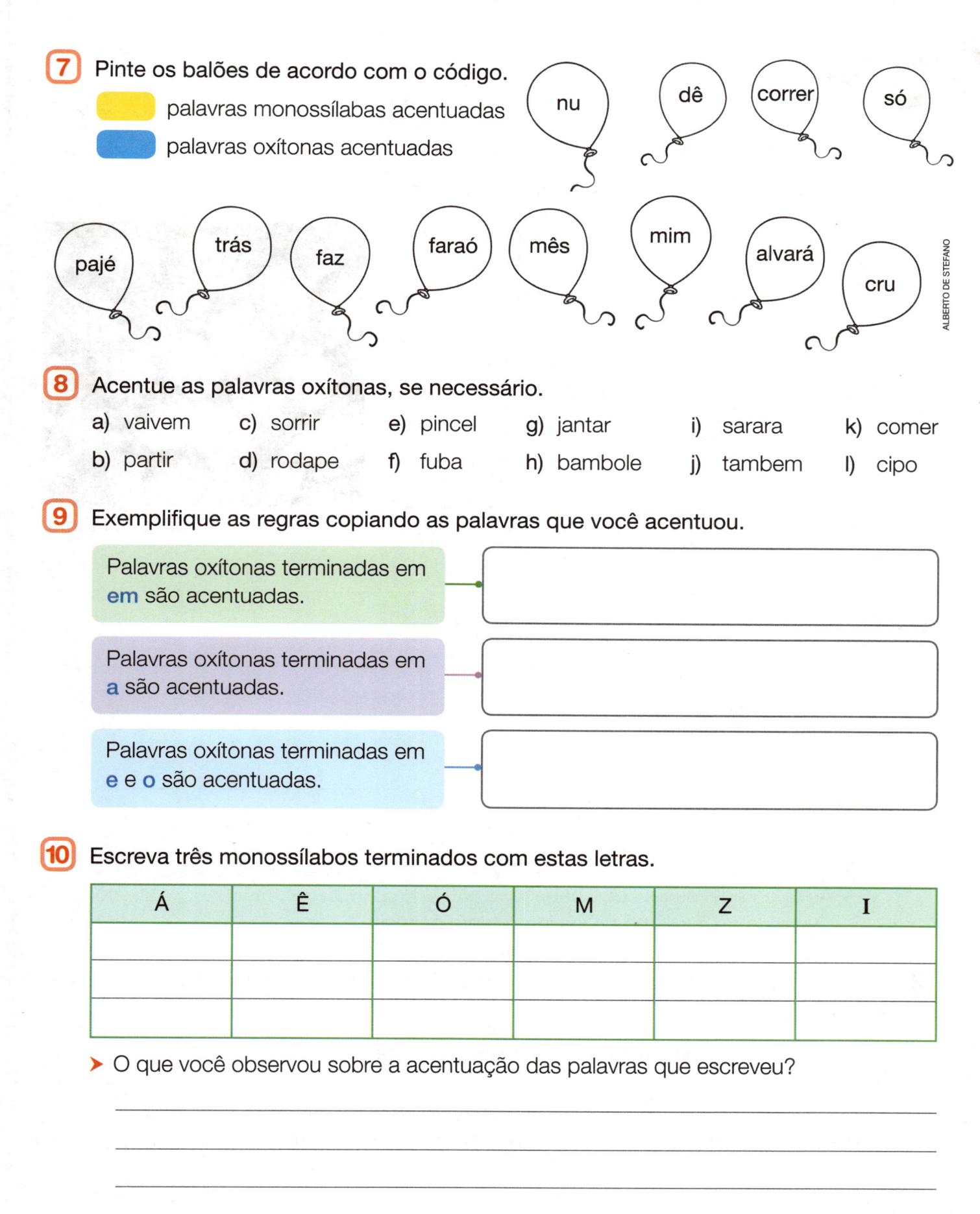

🟨 palavras monossílabas acentuadas

🟦 palavras oxítonas acentuadas

Balões: nu, dê, correr, só, pajé, trás, faz, faraó, mês, mim, alvará, cru

8 Acentue as palavras oxítonas, se necessário.

a) vaivem   c) sorrir   e) pincel   g) jantar   i) sarara   k) comer
b) partir   d) rodape   f) fuba   h) bambole j) tambem   l) cipo

9 Exemplifique as regras copiando as palavras que você acentuou.

Palavras oxítonas terminadas em **em** são acentuadas.

Palavras oxítonas terminadas em **a** são acentuadas.

Palavras oxítonas terminadas em **e** e **o** são acentuadas.

10 Escreva três monossílabos terminados com estas letras.

Á	Ê	Ó	M	Z	I

➤ O que você observou sobre a acentuação das palavras que escreveu?

_____
_____
_____

Aposto

1 Leia o trecho a seguir.

Quebradeiras de coco babaçu

Entre a Caatinga e o Cerrado, nos estados do Maranhão, Piauí, Tocantins e Pará, vivem as mulheres quebradeiras de coco babaçu. Elas somam mais de 300 mil mulheres trabalhadoras rurais que vivem em função do extrativismo do babaçu, uma das mais importantes palmeiras brasileiras.

Cerratinga. Disponível em: <http://mod.lk/trtim>. Acesso em: 14 mar. 2019.

Cocos babaçu.

a) Quem são as quebradeiras de coco babaçu?
___
___
___

b) O que é o babaçu?
___
___

c) Complete a oração a seguir com um aposto, de acordo com as informações do texto.

➤ As quebradeiras de coco babaçu, _____, vivem do extrativismo dessa importante palmeira.

2 Leia as frases a seguir e copie as palavras a que se referem os apostos em destaque.

a) O araticum, **planta do Cerrado**, dá um fruto muito saboroso.
___

b) **Também conhecido como "imbu"**, o umbu é uma fruta rica em vitamina C.
___

c) Desejamos apenas duas coisas: **paz e saúde**.
_____

d) A alimentação – **saudável, de preferência** – é essencial para todas as pessoas.
_____

3 Sublinhe os apostos presentes nas frases a seguir.

a) Pedro Bandeira, grande escritor brasileiro, tem um livro divertido chamado *Malasaventuras*.

b) A vontade de passear era tanta que foram assim mesmo: com chuva e tudo.

c) Pablo Picasso – pintor – nasceu na Espanha.

d) Cirandeira, dançarina e compositora, Lia de Itamaracá é uma artista de muitos talentos.

4 Relacione cada frase a um aposto.

O picolé de limão, ★, foi o primeiro a acabar.	Praia, sol e calor
★: isso é o que queremos nestas férias.	a professora de espanhol
Renata, ★, acaba de chegar.	o preferido da turma

5 Complete as frases a seguir com um aposto.

a) Reinações de Narizinho, _____,
foi traduzido para outros idiomas.

b) Fifi, _____,
arranhou todo o sofá.

c) Elas ganharam dois presentes: _____.

d) Carlos – _____ –
preferiu ficar em casa.

39

DESAFIO

Três duplas de alunos jogaram o Jogo da Velha das Proparoxítonas usando as palavras do quadro. Nesse jogo, só ganha a pessoa que completar uma linha, vertical ou horizontal, com três palavras proparoxítonas.

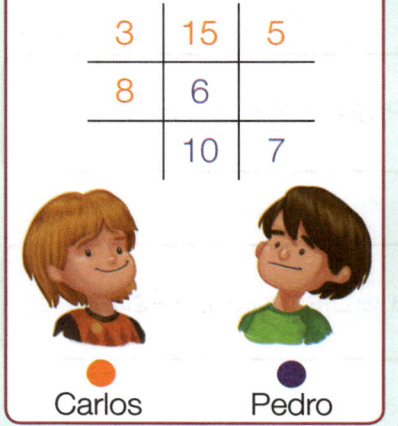

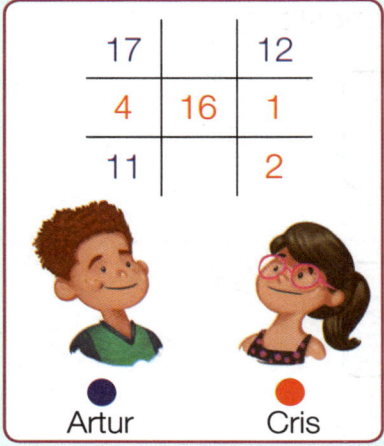

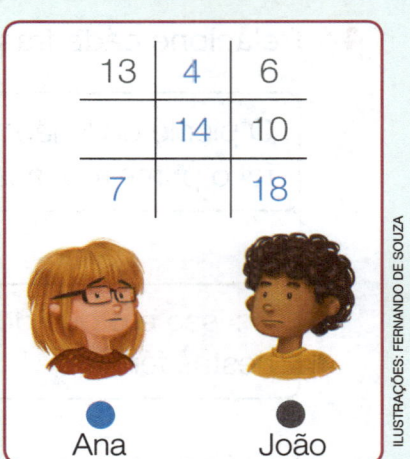

1 ônibus	2 sonâmbulo	3 máquina	4 buzina	5 abóbora	6 sorriso
7 gata	8 música	9 aborígine	10 café	11 pêssego	12 mágico
13 combustível	14 roupão	15 lâmpada	16 sétimo	17 relâmpago	18 tênis

Dupla 1 (Carlos • / Pedro •):
3	15	5
8	6	
	10	7

Dupla 2 (Artur • / Cris •):
17		12
4	16	1
11		2

Dupla 3 (Ana • / João •):
13	4	6
	14	10
7		18

✓ Na primeira dupla, Carlos foi o vencedor. Se Pedro continuasse a jogar, ele poderia ser o ganhador? ☐ Sim. ☐ Não. Por quê?

_____

✓ Na segunda dupla, Cris completou a linha do meio e achou que tinha vencido Artur. O que aconteceu? Por que ela perdeu?

_____

✓ Qual será o resultado do jogo de João e Ana? Por quê?

_____

Variedades da língua

1 Leia os quadrinhos.

a) Escreva o significado que estas palavras ou expressões têm no texto.

➤ divina ➡ _____

➤ Vou arrasar! ➡ _____

➤ barato ➡ _____

b) Pessoas de que idade costumam falar como as personagens dos quadrinhos?
_____

c) Agora, reescreva esta frase empregando a linguagem formal.

> Minha fantasia está divina! Vou arrasar!

_____
_____

2 Leia a tirinha em que Chico Bento conversa com Zé Lelé.

Chico Bento: Tá se olhando no espelho, Zé Lelé?
Zé Lelé: Eu não! Ele é que está me olhando!

› Reescreva as falas da tirinha empregando a linguagem que você aprende na escola.

Chico Bento: _____

Zé Lelé: _____

3 Leia esta outra tirinha.

O diagnóstico é cefaleia psicogênica; o prognóstico é de dois dias, com prescrição medicativa branda e quietação.

É só uma dorzinha de cabeça por cansaço, que sara em dois dias, com um remedinho e descanso...

ILUSTRAÇÕES: ALBERTO DE STEFANO

› Ligue as palavras ou expressões da tirinha ao seu significado.

diagnóstico	dor de cabeça por cansaço
cefaleia psicogênica	receita de remédio
prognóstico	repouso
prescrição medicativa	previsão da duração de uma doença
quietação	determinação da doença e sua causa

4 Relacione as falas a seguir às respectivas situações de interação.

- "Alô! Boa tarde! Eu gostaria de falar com o responsável pela linha telefônica."

- Jovem fazendo um convite a uma amiga por telefone.

- "Oi, Ju, tudo bem? Tô ligando pra saber se você topa jogar vôlei com a gente hoje."

- Apresentador jovem em *site* de vídeos *on-line* informando o conteúdo do vídeo.

- "Aí, galera, hoje eu vou ensinar vocês a fazer um experimento muuuuuito legal!"

- Atendente de empresa de telefonia oferecendo um serviço novo.

5 Leia no quadro alguns nomes dados à bicicleta em diversas regiões do país.

| magrela | gangorra | camelo | ginga |

a) Quais desses nomes você já conhece? Caso não conheça nenhum, qual deles chamou mais a sua atenção?

_____
_____

b) Como você chama a bicicleta na região onde você e seus colegas moram?

_____
_____

c) Reescreva a frase a seguir fazendo o mesmo pedido a alguém com quem você tem bastante amizade e proximidade.

> Boa tarde! Por acaso, eu poderia utilizar a sua bicicleta por alguns minutos?

_____
_____

Acentuação de palavras paroxítonas

1 Leia estas palavras observando a posição da sílaba tônica.

prédios	telhado	íris	lixeiro	horrível
elétrica	outono	varanda	feriado	risco
escada	vírus	ímã	látex	homem
néctar	múltiplo	bênção	método	lótus
rua	bíceps	ambiente	níqueis	revista

a) Sublinhe as paroxítonas acentuadas e circule as paroxítonas não acentuadas.

b) Quais são as três palavras acentuadas que não são paroxítonas? Qual a classificação delas quanto à acentuação?

_____
_____

2 Acentue as palavras quando necessário.

Venus	gratis	coragem	dolar
solitaria	imagem	lapis	canarios
margem	corpo	sauna	sempre
açucar	joqueis	bilis	soluço

> Copie as palavras que você acentuou e explique por quê.

_____
_____
_____
_____
_____

3 Complete a cruzadinha com as seguintes palavras.

1. Paroxítona terminada em US: *planta de regiões quentes que contém água*
2. Paroxítona terminada em ÃO: *ato de abençoar*
3. Paroxítona terminada em L: *que merece confiança*
4. Paroxítona terminada em IS: *a pele do rosto*
5. Paroxítona terminada em ditongo: *remédio para os olhos*
6. Paroxítona terminada em X: *ave mitológica que renasce das cinzas*
7. Paroxítona terminada em R: *blusa de lã*
8. Paroxítona terminada em N: *sinônimo de paraíso*
9. Paroxítona terminada em PS: *instrumento cirúrgico que parece uma pinça*
10. **Paroxítona terminada em UM:** *sinônimo de soro*

> **Dica**
> Todas as palavras são acentuadas.

10. SÉRUM

Substantivo simples e substantivo composto

1 Leia este fragmento de um texto de Clarice Lispector.

> Bom domingo pra vocês. Segunda-feira é um dia difícil porque é sempre a tentativa do começo de vida nova.

Clarice Lispector. E amanhã é domingo. Em: *A descoberta do mundo*.
Rio de Janeiro: Rocco, 2008.

a) Sublinhe com um traço todos os substantivos do texto e, com dois traços, os adjetivos.

b) Qual é o substantivo formado por mais de uma palavra? _____

2 Observe as ilustrações e escreva o nome delas no quadro abaixo.

Substantivo formado por uma palavra	Substantivo formado por mais de uma palavra

3 Escreva SS para substantivo simples e SC para substantivo composto.

	pernalonga			veículo		planalto
	inseto			pé de moleque		segurança
	bate-papo			plantação		guarda-costas
	papagaio			girassol		porta-moedas
	para-choque			flores		dinheiro

46

4 Leia o texto a seguir.

A formiga-gigante (*Dinoponera gigantea*), também conhecida como falsa-tocandira, é originária da região amazônica. É chamada de formiga-gigante devido ao seu tamanho de aproximadamente 2,5 cm. [...]

Zoológico de São Paulo. Verbete "Formigas-gigantes".
Disponível em: <http://mod.lk/z73t3>. Acesso em: 14 mar. 2019.

a) Por que a formiga-gigante tem esse nome?
_____

b) Circule os substantivos presentes no texto e organize-os no quadro abaixo.

Substantivo simples	Substantivo composto

c) Forme uma frase com um dos substantivos compostos presentes no texto acima.
_____

5 Leia o nome de algumas brincadeiras populares brasileiras.

> amarelinha   esconde-esconde   peteca
> pega-pega   elástico   roda

a) Quais dessas brincadeiras são substantivos compostos?
_____

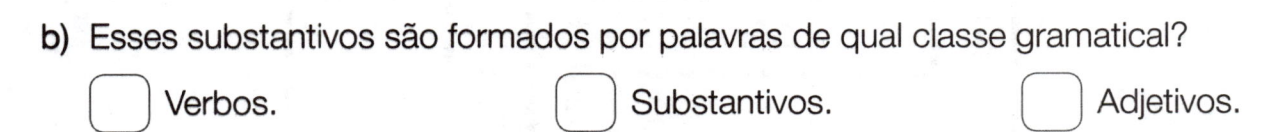

b) Esses substantivos são formados por palavras de qual classe gramatical?

☐ Verbos.   ☐ Substantivos.   ☐ Adjetivos.

6 Forme quatro substantivos compostos com as palavras do quadro.
Dica: todos têm hífen.

> sapo   pintada   bola   onça
> tatu   flor   cururu   beija

a) _____   c) _____

b) _____   d) _____

47

DESAFIO

Você gosta de ir ao cinema? Veja o desafio desta atividade.

Por qual destes corredores (A, B ou C) chega-se corretamente à sala de cinema? É o corredor em que todas as paroxítonas estão acentuadas corretamente.

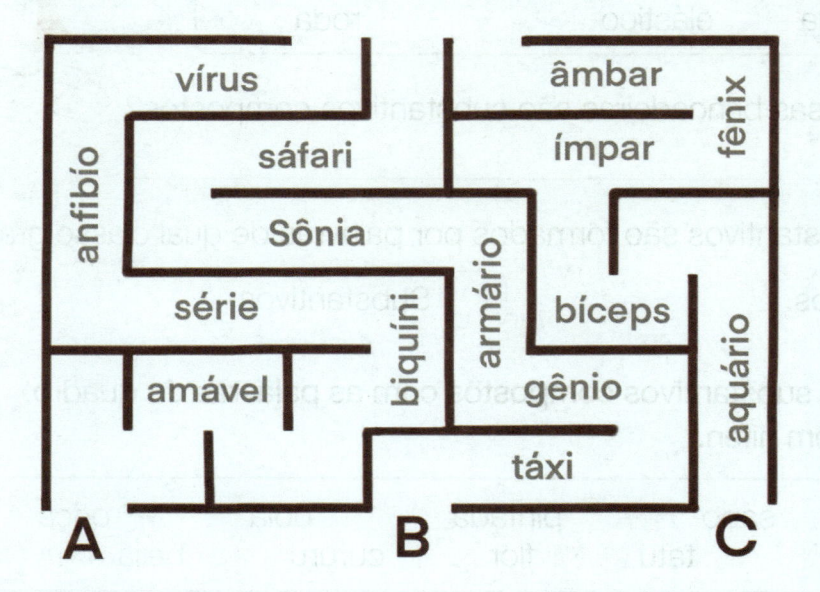

Corredor A: anfíbio, vírus, sáfari, Sônia, série, amável
Corredor B: biquíni, armário, ímpar, âmbar, bíceps, gênio, táxi
Corredor C: fênix, aquário

- ✓ Qual corredor possibilita chegar à sala de cinema? _____
- ✓ Acentue corretamente as palavras dos outros corredores. _____

48

Adjetivo e locução adjetiva

1 Escreva duas características para cada imagem.

2 Complete as lacunas com substantivos para formar locuções adjetivas.

a) doce de _____

b) copo de _____

c) torta de _____

d) escada de _____

e) presente de _____

f) vestido de _____

3 Numere a segunda coluna de acordo com as locuções adjetivas destacadas na primeira.

1. lápis **de cor**
2. cabelo **de anjo**
3. céu **da noite**
4. preservação **do ambiente**

( ) ambiental
( ) colorido
( ) angelical
( ) noturno

4 Substitua os adjetivos destacados pelas locuções adjetivas correspondentes.

a) O artista observou a obra com um olhar **paternal**.

b) Comprei um livro **infantil** para meu irmão.

c) O café **matinal** começa a ser servido às oito horas.

5 Nas frases a seguir, sublinhe o adjetivo ou a locução adjetiva. Depois, circule a palavra à qual eles se referem em cada frase.

a) A rede colorida ficará na varanda.

b) Esta tarde de chuva pede um filme.

c) Manchei a minha camiseta preferida.

d) A saída é pela porta de metal.

6 Utilize um dos adjetivos do quadro para caracterizar as palavras a seguir.

> vizinhas   inseparáveis
> de luar   de aniversário

noite _____

amigos _____

almoço _____

cidades _____

7 Substitua as locuções adjetivas em destaque por um adjetivo correspondente.

dia **de sol** ➡ _____

livros **para crianças** ➡ _____

apresentação **de teatro** ➡ _____

palácio **do rei** ➡ _____

Terminação OSO/OSA

1 Forme palavras seguindo as setas. Comece pela letra destacada.

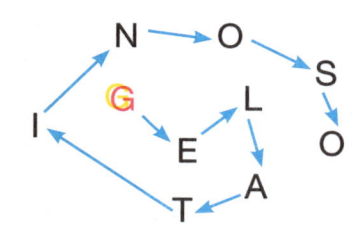

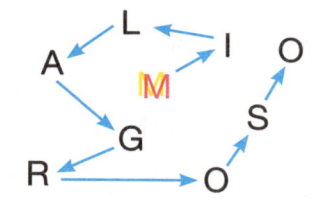

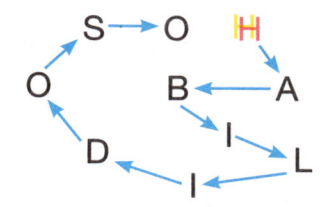

(diagrama 1: G E L A T I N O S O → GELATINOSO)

(diagrama 2: M I L A G R O S O → MILAGROSO)

(diagrama 3: H A B I L I D O S O → HABILIDOSO)

_____ _____ _____

▶ Agora, escreva os substantivos que deram origem a esses adjetivos.

_____

2 Siga as pistas, descubra os adjetivos e complete a cruzadinha.

> Tudo que demora é **moroso**.

- O que **causa danos** é _____.
- Pelo macio **como seda** é _____.
- Pessoa que **tem curiosidade** é _____.
- Mulher que **faz caridade** é _____.
- Mãos **cheias de calos** são _____.
- Quem **tem fama** é _____.
- Quem **tem coragem** é _____.
- Homem **cheio de bondade** é _____.

3 Escreva as palavras terminadas em OSO ou OSA que correspondem às expressões a seguir.

a) prato (que tem sabor agradável) ➡ _____

b) cachorrinho (que demonstra carinho) ➡ _____

c) cobertura (com consistência de creme) ➡ _____

d) pessoa (que demonstra amor) ➡ _____

e) pomada (que parece fazer milagres) ➡ _____

f) amizade (grande) ➡ _____

g) Jogo (partida jogada fora de campeonato) ➡ _____

h) Água (que apresenta bolhinhas) ➡ _____

i) Criança (que não desiste facilmente) ➡ _____

4 Forme palavras terminadas em OSO ou OSA com os substantivos do quadro. Em seguida, complete as frases abaixo. Atenção à concordância!

orgulho	cuidado	valor	cheiro
silêncio	volume	caridade	estudo

a) Nossa amizade é _____ para mim.

b) Os _____ alertam para os cuidados com o planeta Terra.

c) Renata está _____ pela nota do seminário.

d) Alunos, sejam _____ com as maquetes.

e) A turma permaneceu _____ durante a leitura.

f) Que perfume _____!

g) Os homens de bem costumam ser bastante _____.

h) O pacote que chegou da livraria era _____.

Graus do adjetivo: comparativo e superlativo

1 Observe.

> Escreva SIM para as afirmações verdadeiras e NÃO para as falsas.

a) O lápis amarelo é do mesmo tamanho que o azul.

b) O lápis verde é maior que o vermelho.

c) O lápis preto é menor que todos os outros.

d) O lápis rosa é maior que o roxo.

e) O lápis vermelho é maior que todos.

2 Leia.

Lúcia é maior que Mara,
que é maior que Júlia,
que é maior que Carla,
que é maior que Rita,
que é a menor de todas.

> Desenhe as garotas citadas no texto em **ordem crescente** de tamanho e escreva o nome ao lado de cada uma.

3 Observe as ilustrações.

| 1 | 2 | 3 |

> Complete as frases de acordo com as ilustrações.

1. A pipa _____ é mais colorida que a pipa _____.

2. A _____ é tão colorida quanto o _____.

3. A flor _____ está mais aberta que a flor _____.

4 Circule os adjetivos que correspondem aos superlativos do quadro.

> dulcíssimo   seríssimo   mínimo   antiquíssimo
> boníssimo   velocíssimo   paupérrimo

veloz   velho   sério   grande   pobre   bom

bonito   antigo   pequeno   pouco   doce

5 Numere as frases de acordo com o grau dos adjetivos.

| 1 | grau comparativo
| 2 | grau superlativo

☐ Mariana é a neta mais bonita de sua avó.

☐ Os jogadores italianos são tão ágeis quanto os brasileiros.

☐ A laranja que eu chupei estava muito azeda.

☐ Ela é uma cantora talentosíssima porque estuda muito.

☐ Você é mais poderoso que ele, mas não deve humilhá-lo.

☐ Algumas pessoas são muito gentis.

A e AI, E e EI, O e OU

1 Complete as palavras a seguir com **a** ou **ai**. Acentue quando necessário.

ab_____xar   rap_____z   p_____z

atr_____s   tr_____z   f_____xa

2 Complete as palavras com **e** ou **ei**. Acentue quando necessário.

fregu_____s   portugu_____s   d_____xar

am_____xa   cad_____ra   açucar_____ro

po_____ra   band_____ja   cer_____ja

3 Encontre no diagrama o nome de algumas profissões.

K	C	O	S	T	U	R	E	I	R	O	F	A	K
A	Y	H	R	E	A	H	S	I	D	E	I	E	E
S	D	E	N	F	E	R	M	E	I	R	A	V	N
F	N	T	A	S	O	M	H	I	E	A	V	E	G
U	N	U	W	T	S	D	O	E	Y	P	M	Y	E
S	A	P	A	T	E	I	R	O	I	A	C	L	N
M	I	M	N	C	P	L	O	N	D	D	A	Y	H
D	E	I	G	A	E	J	Z	P	O	E	I	A	E
B	C	A	B	E	L	E	I	R	E	I	R	A	I
I	E	J	H	C	A	B	G	F	U	R	K	M	R
B	L	O	G	U	E	I	R	A	X	O	N	I	A
E	U	T	O	W	M	I	P	A	F	H	V	H	S
G	A	C	O	Z	I	N	H	E	I	R	O	E	J

55

4 Complete as palavras a seguir com o ou ou.

nam_____ro   tes_____ro   cal_____ro

desaf_____ro   s_____ro   est_____ro

c_____ve   h_____ve   durad_____ro

5 Escreva o nome das figuras a seguir.

ch_____   _____ro   b_____

t_____   p_____   _____xa

6 Escolha três palavras do quadro e escreva uma frase para cada uma delas.

coceira	pera	cera
fileira	poeira	cadeira
mês	freguês	holandês

_____

_____

_____

_____

DESAFIO

A turma do 4º ano C decidiu brincar com o Jogo dos Adjetivos e Locuções Adjetivas. Nesse jogo, cada dupla tinha de preencher o quadro com um adjetivo e a locução adjetiva correspondente para os substantivos **olhar** e **noite**. A dupla que acertasse as quatro respostas seria a vencedora.

Jogo dos adjetivos e locuções adjetivas				
Duplas	Olhar...		Noite...	
	Adjetivo	Locução adjetiva	Adjetivo	Locução adjetiva
Luísa / Leandro	bondoso	bondade	chuvosa	de chuva
Rose / Alex	paternal	de mãe	estrelada	de estrela
Felipe / Amanda	piedoso	de piedade	enluarada	de lua
Nara / Mateus	fraternal	de criança	sertaneja	do sertão
Vera / Samuel	felino	de gato	glacial	de glacê

✓ Quatro duplas erraram as respostas e perderam. Circule no quadro as respostas erradas e corrija-as.

✓ Qual foi a dupla vencedora?

_____

Pessoas gramaticais e pronome pessoal

1 Leia este texto.

[...]

— Isso de dar nomes deve ser de família. Seu pai sempre conta que a irmã dele, a Trudy, batizava até as lagartixas que apareciam no teto da casa.

As duas fizeram planos de batizar baratas, traças e os jacarés da lagoa nova. [...]

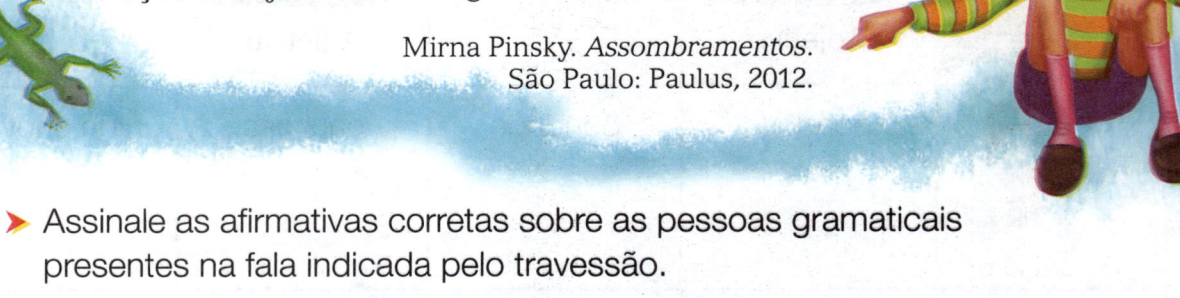

Mirna Pinsky. *Assombramentos*.
São Paulo: Paulus, 2012.

> Assinale as afirmativas corretas sobre as pessoas gramaticais presentes na fala indicada pelo travessão.

a) A **pessoa que fala** pode ser:

☐ o tio, irmão do pai da menina.

☐ a mãe da menina.

☐ Trudy, a irmã do pai da menina.

b) A **pessoa com quem se fala** pode ser:

☐ a filha. ☐ o pai. ☐ Trudy

c) Sobre **o que se fala**?

☐ Sobre os animais que apareciam na casa.

☐ Sobre os jacarés da lagoa nova.

☐ Sobre a mania de dar nomes aos animais.

2 Com base na atividade anterior, complete a frase.

As três pessoas gramaticais são:

1ª pessoa – _____;

2ª pessoa – _____;

3ª pessoa – _____.

3 Identifique o pronome de cada frase e escreva-o no quadro.

➤ Depois, relacione o pronome à pessoa gramatical a que ele se refere.

a) Como eu mudei! Agora sou um cisne!

⬜ ➡ refere-se à ⎯ ☐ 1ª pessoa do singular
☐ 2ª pessoa do singular
☐ 3ª pessoa do singular

b) Também somos cisnes agora!

⬜ ➡ refere-se à ⎯ ☐ 1ª pessoa do plural
☐ 2ª pessoa do plural
☐ 3ª pessoa do plural

c) Foi o cisne mais elegante do lago!

⬜ ➡ refere-se à ⎯ ☐ 1ª pessoa do singular
☐ 2ª pessoa do singular
☐ 3ª pessoa do singular

4 Observe a lista de convidados para a festa do Tales.

➤ Responda SIM ou NÃO às perguntas e substitua os substantivos destacados por pronomes.

a) Tales convidou o **Cauê** e o **Edu**?

_____, Tales _____ convidou.

b) Ele convidou a **Ana Júlia**?

_____, ele _____ convidou.

c) Tales convidou o **Ricardo**?

_____, Tales não _____ convidou.

d) Ele convidou a **Vera** e a **Vic**?

_____, ele não _____ convidou.

e) E a **Bel** e a **Nanci**, ele as convidou?

_____, _____ foram convidadas.

5 Relacione as frases à pessoa gramatical correspondente.

1. 1ª pessoa do singular
2. 1ª pessoa do plural
3. 2ª pessoa do singular
4. 3ª pessoa do singular
5. 2ª pessoa do plural
6. 3ª pessoa do plural

( ) Nós não temos outra alternativa.
( ) Ele cuida bem do jardim.
( ) Vós fizestes uma limonada.
( ) Elas preferiram voltar mais cedo.
( ) Tens um bom coração.
( ) Não sei onde deixei meu caderno.

6 Reescreva as frases substituindo as palavras destacadas por um dos pronomes do quadro. Atenção à posição dos pronomes!

| os | nós | ela | a | ele | lhe |

a) **Renata** foi ao cinema.
_____

b) As crianças encontraram **os brinquedos**.
_____

c) Luana contou **uma história**.
_____

d) **Leonardo e eu** apresentamos o seminário de Ciências.
_____

e) **João** gosta muito de selos.
_____

f) A avó deu uma boneca **à neta**.
_____

g) A avó deu **uma boneca** à neta.
_____

G e J

1 Leia as palavras.

agradável	goleiro	gêmeos	ginasta	jegue
gengiva	gengivite	jejum	algibeira	jerimum
agir	jato	gola	beijinho	gula
guizo	gulosa	jipe	ligeiro	jota
gracinha	gemada	jenipapo	página	jeito

a) Copie as palavras em que a letra **g** representa o som J.

_____
_____

b) Copie as palavras escritas com **j**.

_____
_____

c) Escolha uma dessas palavras e pesquise no dicionário o significado dela.

_____
_____

2 Complete as palavras com **g** ou **j**.

a) can____ica   c) ____eca   e) a____endado   g) á____il

b) a____ência   d) ____ejuar   f) ____esto   h) ____iló

3 Observe a foto e escreva uma frase sobre ela.

Isaquias Queiroz, duas medalhas de prata e uma de bronze na Olimpíada do Rio, 2016.

> Use algumas palavras com a letra **j** e a letra **g** representando o som J.

_____
_____
_____
_____
_____

61

4 Leia as palavras do quadro e organize-as na tabela abaixo.

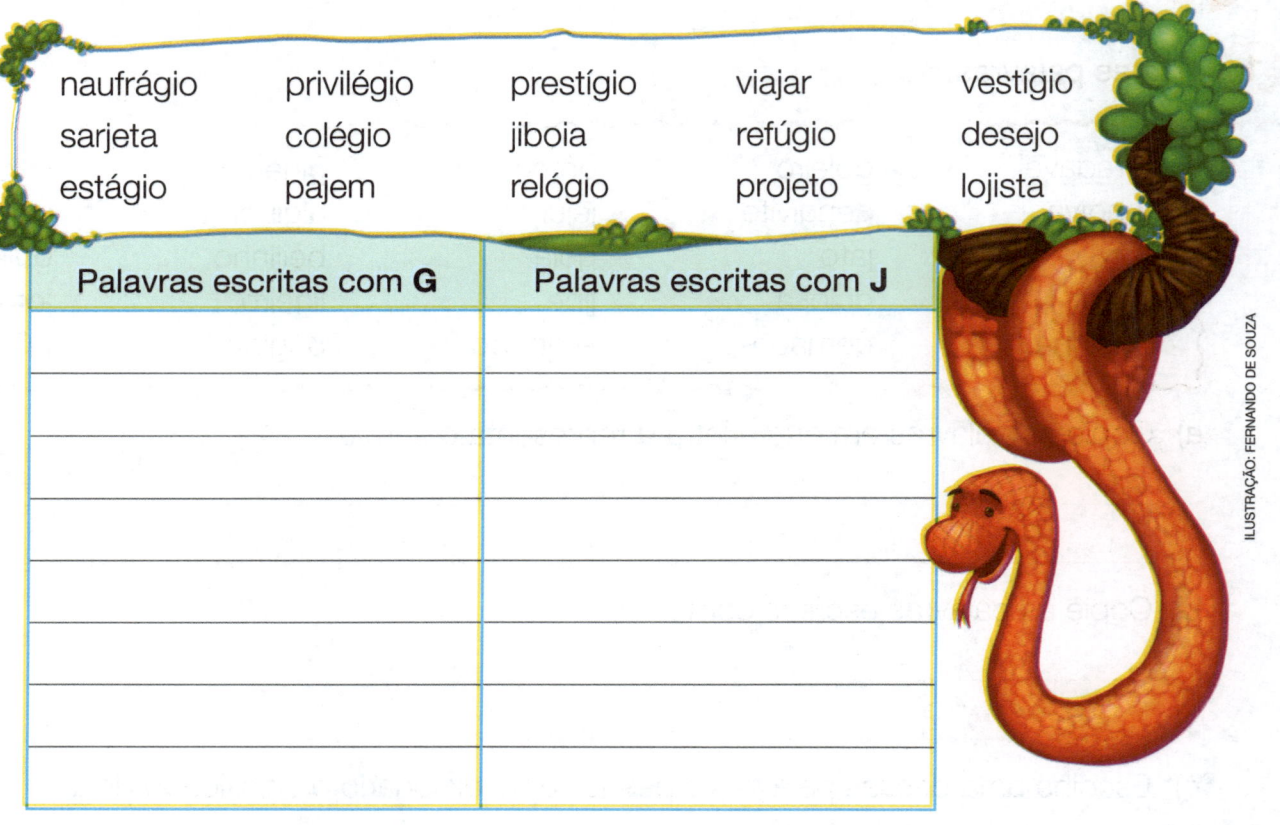

naufrágio   privilégio   prestígio   viajar   vestígio
sarjeta   colégio   jiboia   refúgio desejo
estágio   pajem   relógio   projeto lojista

Palavras escritas com **G**	Palavras escritas com **J**

a) Escreva uma palavra para completar a coluna do **j**.

b) Escolha uma palavra com **g** e outra com **j** e forme uma frase com elas.
_____
_____

5 Complete as frases empregando corretamente as palavras abaixo.

viagem   viajem

Meus pais marcaram uma _____ maravilhosa para o País de Gales.

Mas o voo foi adiado e eles ficaram decepcionados.

Tomara que _____ amanhã!

6 Ligue as colunas.

viagem   verbo **viajar**

viajem   substantivo

Pronome de tratamento

1 Observe estas cenas.

Cena 1: O SENHOR PODERIA JOGAR?

Cena 2: VOSSA SENHORIA ASSINARIA ESTE DOCUMENTO? — SIM!

Cena 3: E AÍ, VOCÊ VAI AO BAILE HOJE?

a) Em quais cenas os pronomes destacados não combinam com as personagens a que se referem? Por quê?

_____
_____
_____

b) Na cena **2**, a mulher foi tratada de maneira formal.

Qual pronome mostra isso? _____

2 Relacione a coluna do meio às outras duas.

tratamento respeitoso	você	amigos, primos, irmãos, colegas
tratamento formal	Vossa Alteza	professores, pessoas mais velhas
tratamento informal	senhor/senhora	príncipes e duques

3 **Seu** é uma forma reduzida de qual pronome de tratamento? Assinale.

☐ Senhora.   ☐ Senhor.   ☐ Vossa Senhoria.

4 Escreva por extenso os pronomes de tratamento abreviados.

V. A. (para se dirigir a príncipes, duques etc.) _____

V. M. (para se dirigir a reis e rainhas) _____

V. Ema. (para se dirigir a cardeais) _____

V. Exa. (para se dirigir a altas autoridades) _____

V. S. (para se dirigir ao papa) _____

5 Ligue cada situação ao pronome de tratamento adequado.

Correspondência para uma rainha.

Convite de aniversário para um amigo.

Aviso oral ao público de que um espetáculo vai começar.

Conversa informal.

Correspondência formal.

senhoras e senhores

Vossa Majestade

Vossa Senhoria

você

C e Ç

1 Organize estas palavras.

medicina   traçado   cebola   almoço   alface   babaçu
cidade   abraço   acetona   açude   laço   torcida

Palavras com C ➡ _____

_____

Palavras com Ç ➡ _____

_____

➤ Agora, complete as frases.

a) O C é usado antes das vogais _____, _____.

b) O Ç é usado antes das vogais _____, _____, _____.

2 Complete as palavras com c ou ç.

- gra____a
- adi____ão
- desperdí____io
- lan____ar
- tra____o
- trapa____a
- ambi____ão
- propor____ão
- aten____ão

- lan____amento
- adi____ionar
- trapa____eiro
- gra____ioso
- desperdi____ar
- tra____ejado
- ambi____ioso
- aten____ioso
- propor____ional

➤ Ligue as palavras da primeira coluna às palavras da mesma família na segunda coluna.

3 Siga as pistas e descubra qual é a palavra.

➤ Depois, complete a cruzadinha com as palavras que descobriu.

1. Órgão do corpo humano que bombeia o sangue. _____

2. Pancada para trás dada por animal. _____

3. Logo de manhã. _____

4. Movimentar-se ao som de música; bailar. _____

5. Cama de bebê. _____

6. Pode ser feita nos cabelos. _____

7. Sinal de pontuação usado em diálogo. _____

8. Instrumento usado para pesar. _____

9. Ave de pernas compridas e bico longo que vive em rios e lagos. _____

Atenção!
Uma das palavras não é escrita com C nem com Ç.

4 Complete as palavras com c ou ç.

a) ca____arola
b) pa____oca
c) ____iumento
d) ____era
e) ____enário
f) carro____a
g) a____essório
h) caro____o
i) aque____imento

5 Siga as indicações abaixo e encontre as palavras correspondentes no diagrama.

a) Pequena área verde ao ar livre, normalmente com árvores e bancos.
b) O mesmo que prédio.
c) Leguminosa de cor alaranjada.
d) Difícil ou impossível de alcançar.
e) Estado de quem está feliz ou contente.
f) Local cavado no solo onde se encontra água potável.

E	E	E	G	S	E	E	R	E	L	T	N
I	N	A	L	C	A	N	Ç	Á	V	E	L
E	W	L	Q	B	H	H	P	T	E	D	N
I	O	T	N	M	P	S	Z	D	T	I	M
F	E	L	I	C	I	D	A	D	E	F	R
I	S	S	U	S	P	R	G	S	E	Í	L
T	C	E	N	O	U	R	A	S	F	C	N
N	O	T	Ç	E	D	O	A	P	H	I	A
D	A	O	B	F	P	R	D	R	G	O	R
T	K	R	A	Y	O	C	S	A	I	E	H
F	A	U	P	O	Ç	E	I	Ç	E	W	A
B	U	M	T	E	O	D	N	A	H	E	N

6 Complete as palavras a seguir com c ou ç.

a) O cres____imento popula____ional se deve a diversos fatores.
b) As va____inas são muito importantes para a preven____ão de doen____as.
c) Crian____as pequenas pre____isam de aten____ão dos adultos.
d) Os alunos parti____iparam de toda a programa____ão de ofi____inas.

DESAFIO

A professora Marta sorteou dois alunos para participar de um desafio. Eles deveriam assinalar os pronomes de tratamento adequados a cada personagem.
Observe o que Cauã e Paty fizeram.

Quadro do Cauã:

- Princesa:
  - [x] Vossa Alteza
  - [ ] Vossa Senhoria
  - [ ] Senhora
- Papa:
  - [x] Senhor
  - [ ] Vossa Alteza
  - [ ] Vossa Santidade
- Senhor idoso:
  - [x] Vossa Senhoria
  - [ ] Vossa Majestade
  - [ ] Senhor
- Menino:
  - [ ] Vossa Alteza
  - [x] Você
  - [ ] Senhor

Quadro da Paty:

- Rainha:
  - [x] Vossa Santidade
  - [ ] Vossa Majestade
  - [ ] Você
- Senhora idosa:
  - [ ] Senhora
  - [ ] Vossa Alteza
  - [x] Vossa Senhoria
- Príncipe:
  - [x] Vossa Alteza
  - [ ] Vossa Majestade
  - [ ] Vossa Excelência
- Rei:
  - [ ] Vossa Alteza
  - [x] Vossa Majestade
  - [ ] Senhora

✓ Corrija as respostas erradas.
✓ Quem ganhou o desafio: Cauã ou Paty? Por quê?

_____

_____

Terminações EZ e EZA

1 Com estes adjetivos, forme substantivos terminados em **EZA**.

a) cru ➡ _____ d) destro ➡ _____

b) baixo ➡ _____ e) real ➡ _____

c) duro ➡ _____ f) bravo ➡ _____

2 Organize as letras dos quadros e forme palavras juntando as sílabas das duas colunas.

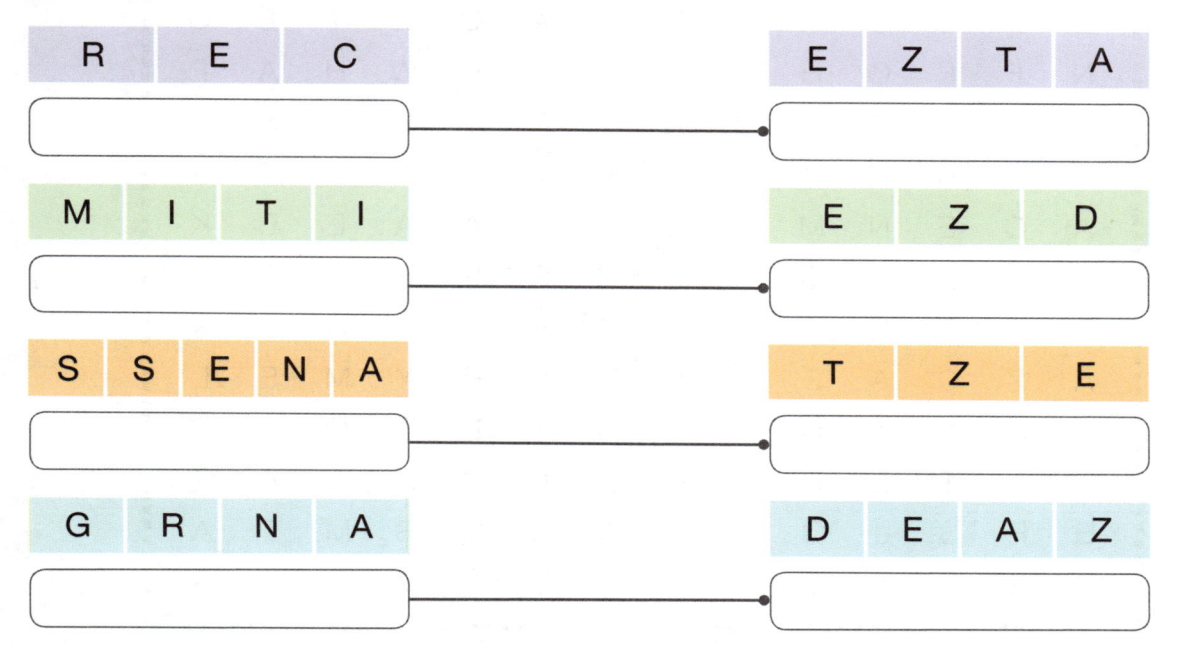

R	E	C			E	Z	T	A

M	I	T	I		E	Z	D

S	S	E	N	A		T	Z	E

G	R	N	A		D	E	A	Z

3 Complete o quadro com palavras que terminam em **EZ**.

Estado de mulher grávida	
Estado de pessoa viúva	
Qualidade do que é macio	
Qualidade do que é rápido	

4 Encontre as palavras com **EZ** e **EZA** nos quadrinhos de mesma cor.

F E R A S N T Q U U E P I Z D A E Z

_____

5 Leia as pistas e encontre as palavras terminadas em **EZA** no diagrama.

a) Qualidade do que é fraco.

b) Convicção de algo.

c) Algo que é muito fácil de fazer (na linguagem informal).

d) Qualidade do que é belo.

e) Qualidade de pessoa gentil.

H	O	W	E	N	T	P	V	C	A	A	U	C	A
I	R	M	L	W	P	O	M	N	O	T	L	H	D
L	R	C	E	R	T	E	Z	A	O	E	T	E	C
N	F	E	O	H	D	N	T	Q	A	W	H	A	F
B	R	E	A	U	S	W	I	P	T	E	R	S	H
G	A	R	N	J	K	U	M	V	P	A	D	T	J
A	Q	E	N	M	O	L	E	Z	A	A	E	B	K
S	U	W	B	O	E	E	M	S	E	B	B	E	P
R	E	T	E	I	J	C	S	E	O	T	N	L	X
A	Z	C	A	Z	H	L	T	L	P	Y	M	E	L
Z	A	Y	T	B	M	F	O	T	L	G	O	Z	O
U	L	T	L	P	Y	R	E	L	Q	H	A	A	Z
B	R	S	J	O	U	A	W	Q	V	S	M	T	A
P	G	E	N	T	I	L	E	Z	A	V	R	F	S

6 Forme substantivos a partir dos adjetivos a seguir.

a) rápido ➡ _____

b) grande ➡ _____

c) lúcido ➡ _____

d) rico ➡ _____

➤ Agora, forme uma frase com um desses substantivos.

_____

_____

7 Complete as palavras. Depois, circule as que terminam em **EZ** ou **EZA**.

portugu_____   sensat_____   pobr_____   f_____

xadr_____   escoc_____   surpr_____   firm_____

Verbo: pessoa e número

1 Circule nesta página de dicionário as entradas que são verbos.

esfumar | esmaecimento — esm

esfumar (es.fu.mar) *v.* {mod. 1} *t.d.* **1** desenhar com carvão ou esfuminho <*ele sabia e. um quadro*> **2** escurecer com fumo ou fumaça; esfumaçar ☐ *pron. fig.* **3** sumir pouco a pouco; desfazer-se <*certas lembranças se esfumam com facilidade*> ~ **esfumação** *s.f.*

esfuminho (es.fu.mi.nho) *s.m.* ART.PLÁST rolo de pelica, papel ou feltro us. para atenuar o contraste de cor de desenhos a lápis ou a carvão

esfuziante (es.fu.zi.an.te) *adj.2g.* **1** que esfuzia ou sibila <*vento e.*> **2** radiante, cheio de alegria <*menina e.*> ↺ desgostoso

esfuziar (es.fu.zi.ar) *v.* {mod. 1} *int.* **1** zunir como balas num tiroteio **2** soprar com força (o vento) ☐ *t.d. fig.* **3** lançar, atirar <*e. um comentário irônico*>

esgalgado (es.gal.ga.do) *adj.* **1** esguio como um galgo ↺ corpulento **2** comprido e estreito

esgalhar (es.ga.lhar) *v.* {mod. 1} *int. e pron.* **1** espalhar-se em ramos, galhos <*as árvores esgalham(-se)*> ☐ *t.d.* **2** retirar os galhos, ramos de (planta); desgalhar <*resolveram e. as árvores da rua*>

esganado (es.ga.na.do) *adj.* **1** que sofreu estrangulamento **2** apegado a dinheiro; sovina ↺ esbanjador **3** que come muito; comilão, esfomeado

esganar (es.ga.nar) *v.* {mod. 1} *t.d.* matar por sufocação, apertando o pescoço de; estrangular

esganiçar (es.ga.ni.çar) *v.* {mod. 1} *t.d.* **1** tornar (a voz) estridente, como um ganido de cão <*esganiçava a voz quando brigava com as crianças*> ☐ *pron.* **2** cantar ou falar alto e em tom agudo <*esganiçou-se para alcançar a nota*> ~ **esganiçado** *adj.* - **esganiçamento** *s.m.*

esgar (es.gar) [pl.: -es] *s.m.* careta, trejeito do rosto

esgaravatador (es.ga.ra.va.ta.dor) /ô/ [pl.: -es] *adj.s.m.* **1** (palito) us. para limpar os dentes **2** (instrumento) us. para remexer brasas no fogo **3** (instrumento) us. para limpar armas

esgaravatar (es.ga.ra.va.tar) ou **esgravatar** (es.gra.va.tar) *v.* {mod. 1} *t.d.* **1** limpar com dedo, palito (nariz, dentes, ouvidos) <*esgaravatava os dentes ainda na mesa de jantar*> **2** remexer ou avivar com o esgaravatador ('instrumento') <*e. as cinzas da lareira*>

esgarçar (es.gar.çar) *v.* {mod. 1} *t.d.,int. e pron.* **1** rasgar(-se) [o tecido] pelo afastamento dos fios; desfiar(-se) <*esgarçou o lenço ao esticá-lo*> <*a fronha esgarçou(-se)*> ☐ *int. e pron.* **2** reduzir-se a fragmentos; desfazer-se <*sobre a montanha, as nuvens esgarçavam(-se)*>

esgarrar (es.gar.rar) *v.* {mod. 1} *int. e pron.* **1** desviar-se do rumo, do caminho (esp. embarcação) <*sem que esperassem, o navio esgarrou(-se)*> **2** seguir o mau caminho, agindo mal; corromper-se <*ia bem na vida, de repente esgarrou(-se)*> ↺ regenerar-se ☐ *t.i.* **3** (prep. *de*) desviar-se, separar-se <*e. da manada*>

esgazear (es.ga.ze.ar) *v.* {mod. 5} *t.d.* **1** dar (ao olhar) expressão inquieta ou de loucura, ger. virando os olhos para mostrar apenas a parte branca **2** ART.PLÁST deixar desbotada (a cor de um quadro)

esgoelar (es.go.e.lar) *v.* {mod. 1} *t.d.,int. e pron.* **1** falar muito alto; gritar <*esgoelava palavrões em plena rua*> <*pare de e.(-se) à toa*> ☐ *t.d.* **2** esganar, estrangular ~ **esgoelamento** *s.m.*

esgotamento (es.go.ta.men.to) *s.m.* **1** ato ou efeito de esgotar(-se) **2** grande cansaço; exaustão ↺ disposição, força

esgotar (es.go.tar) *v.* {mod. 1} *t.d.,int. e pron.* **1** tirar ou esvaziar(-se) até a última gota; secar(-se) <*e. a água de uma cisterna*> <*a fonte esgotou(-se)*> **2** gastar(-se) inteiramente; exaurir(-se) <*e. o solo*> <*as reservas econômicas do país esgotaram(-se)*> **3** vender ou distribuir (algo) até a última peça <*e. os ingressos para o cinema*> <*a edição esgotou(-se)*> **4** tornar(-se) exausto; extenuar(-se) <*e. as forças*> <*esse trabalho esgota*> <*esgotou-se de tanto fazer exercícios*> ↺ descansar ☐ *t.d.* **5** tratar a fundo (tema, questão etc.) <*depois de duas horas esgotaram o assunto*> ☐ *pron.* **6** chegar ao fim; terminar <*o tempo de jogo esgotou-se*> ~ **esgotável** *adj.2g.*

esgoto (es.go.to) /ô/ *s.m.* **1** cano ou abertura pela qual se escoam líquidos ou dejetos **2** canalização subterrânea para recolher e escoar a água da chuva, resíduos líquidos e dejetos

esgravatar (es.gra.va.tar) *v.* → ESGARAVATAR

esgrima (es.gri.ma) *s.f.* ESP arte de manejar armas brancas (florete, espada, sabre etc.) ~ **esgrimista** *s.2g.*

esgrimir (es.gri.mir) *v.* {mod. 24} *t.d. e int.* **1** praticar a esgrima com (espada, florete, sabre etc.) <*os irmãos esgrimiam muito bem (os seus floretes)*> ☐ *t.i.* **2** (prep. *contra*) travar combate contra; lutar <*e. contra a corrupção*> ↺ defender

esgueirar (es.guei.rar) *v.* {mod. 1} *pron.* **1** (prep. *de, para, por*) sair ou afastar-se com cuidado, sem ser visto; escapulir <*a mulher esgueirou-se pela porta lateral*> ☐ *t.d.* **2** desviar com cautela, discrição <*e. o olhar*>

esguelha (es.gue.lha) /ê/ *s.f.* través, viés ◼ **de e.** de lado, de soslaio <*olhou de e. para o rapaz e saiu*>

esguichar (es.gui.char) *v.* {mod. 1} *t.d. e int.* expelir ou sair com força (líquido) por abertura estreita; jorrar <*a torneira esguicha água*> <*o sangue esguichou*> ~ **esguichada** *s.f.* - **esguichamento** *s.m.*

esguicho (es.gui.cho) *s.m.* **1** ação de esguichar ou seu efeito **2** jato de um líquido <*e. de água, de tinta*> **3** peça em mangueira ou tubo para fazer esguichar um líquido

esguio (es.gui.o) *adj.* **1** longo e estreito <*o relógio tinha ponteiros e.*> **2** alto e magro; esbelto <*garota e.*> ↺ atarracado

eslavo (es.la.vo) *s.m.* **1** indivíduo dos eslavos, antigo grupo de povos da Europa central e oriental, cujos descendentes atuais incluem russos, poloneses, tchecos, eslovacos, búlgaros etc. **2** LING conjunto de línguas faladas por esses povos ◼ *adj.* **3** relativo a esse indivíduo, esses povos ou essas línguas ~ **eslávico** *adj.*

esmaecer (es.ma.e.cer) *v.* {mod. 8} *int.* **1** perder a cor; desbotar <*as cores do tapete não esmaeciam*> **2** perder a luminosidade; apagar-se <*a luz do corredor esmaecia devagar*> **3** perder o vigor; enfraquecer <*após tantos anos, as recordações já esmaeciam*> ↺ fortalecer, avivar-se **4** desmaiar, desfalecer <*tonto, foi esmaecendo aos poucos e, afinal, caiu*>

esmaecimento (es.ma.e.ci.men.to) *s.m.* **1** perda da cor, da luminosidade **2** brilho **2** enfraquecimento ↺ fortalecimento **3** desmaio

405

Instituto Antônio Houaiss de Lexicografia. *Pequeno dicionário Houaiss da língua portuguesa*. São Paulo: Moderna, 2015.

▶ Escolha um dos verbos e escreva uma frase com ele.

_____

_____

2 Observe os verbos do quadro.

| aplaudimos | gostar | quero |
| almoçar | estudam | cantei |

a) Sublinhe os verbos que estão conjugados.

b) Escreva uma frase usando dois verbos que você sublinhou.

_____

_____

3 Observe as cenas e assinale a legenda correta.

☐ Três crianças desce a ladeira.
☐ Três crianças descem a ladeira.
☐ Três crianças sobem a ladeira.

☐ Nós treinamos na piscina.
☐ Nós treina na piscina.
☐ Nós treinam na piscina.

☐ Eles acha a caneta!
☐ Eles achava a caneta!
☐ Eles acharam a caneta!

4 Circule os verbos destas frases.

a) Os alunos jogaram vôlei na aula de Educação Física.

b) Uma pulga pula distâncias enormes para o seu tamanho.

c) Tu dormes demais!

d) Ontem eu sonhei com aquele filme antigo.

e) Vós sois o futuro do país.

f) Nós fomos muito educados com os avós do vizinho.

➤ Agora, organize no quadro os verbos que você circulou.

1ª pessoa		2ª pessoa		3ª pessoa	
singular	plural	singular	plural	singular	plural

5 Sublinhe os verbos e identifique a pessoa e o número de cada um.

a) As pessoas se alimentam muito mal.
___

b) O homem não valoriza os alimentos.
___

c) Tu és aquilo que comes!
___

d) Minha prima e eu comemos muitas frutas.
___

e) Nós fizemos bolo para o café da manhã.
___

f) Conquistastes muitas coisas na vida.
___

73

6 Circule a palavra que melhor completa as orações a seguir.

a) Nosso cachorro ● um pouco desastrado.

| são | é | somos |

b) Minha irmã e eu ● muito de assistir àquela série juntas.

| gosta | gosto | gostamos |

c) Quando criança, eu já ● violão muito bem.

| tocava | tocávamos | tocam |

d) Não nos ● para o almoço, pois chegaremos tarde

| espera | esperem | esperamos |

7 Complete as orações fazendo a concordância correta com o verbo entre parênteses.

a) Apesar da chuva, meus amigos e eu _____ em casa rapidamente ontem. (chegar)

b) Há poucos dias, Rafael e Tina _____ que são parentes distantes. (descobrir)

c) Vocês _____ de pedir uma sobremesa agora? (gostar)

d) Eu não me _____ em dividir a quadra com a outra turma hoje. (incomodar)

➤ Agora, indique a pessoa e o número dos verbos em cada oração acima.

a) _____

b) _____

c) _____

d) _____

S, SS, SC, SÇ e XC

1 Leia o texto.

Caro tio McAbro,

Você sempre me disse que, se eu estivesse encrencado, deveria te procurar. Pois é, estou com um problemaço. AJUDE-ME!

Minha bruxa não quer ser bruxa. Ela se recusa a gargalhar como bruxa. Não quer montar em vassouras. Não usa pernas de sapo, olhos de salamandra, asas de morcego em nossas poções. E não quer saber de assustar as crianças. [...]

Seu sobrinho, Ronroroso Seramago de Bragança B.

Hiawyin Oram. *As cartas de Ronroroso*. Tradução de Áurea Akemi Arata. São Paulo: Salamandra, 2008.

a) Sublinhe no texto as palavras que têm **c**, **s** e **ss** representando o mesmo som.

b) Agora, copie as quatro palavras do texto em que a letra **s** representa outro som.

_____

c) Circule as quatro palavras do texto que têm som S, mas não são escritas com **c**, **s** nem **ss**.

2 Pinte os quadros com as palavras que têm **c** e **s** representando o mesmo som.

sino	caseiro	bisavó	suave
cilada	vaso	visão	centro
coqueluche	poste	casual	casarão
cicerone	roseira	haste	acusado
acelerado	brisa	pesado	cimento

3 Escreva seis palavras em que **c**, **s** e **ss** representem o mesmo som.

C → _____

S → _____

SS → _____

75

4 Forme palavras substituindo os símbolos pelas letras.

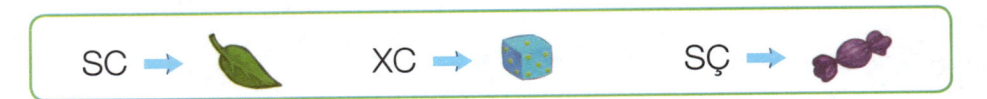

SC → 🍃   XC → 🧊   SÇ → 🍬

a) acré🍃imo: _____
b) cre🍃e: _____
c) de🍬a: _____
d) rejuvene🍬a: _____
e) e🧊elente: _____

f) o🍃ilar: _____
g) e🧊essivo: _____
h) de🍃er: _____
i) na🍬am: _____
j) de🍃ida: _____

5 Forme palavras.

a)
- cre
- di   SC
- decre

- imento = _____
- iplina = _____
- ente = _____

b)
- e
- e   XC
- e

- elência = _____
- epcional = _____
- êntrica = _____

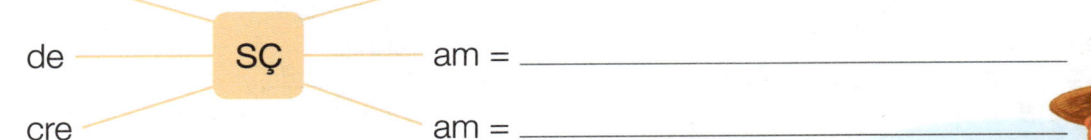

c)
- flore
- de   SÇ
- cre

- am = _____
- am = _____
- am = _____

6 Complete a legenda da foto com as palavras dos quadrinhos.

ascendente   descendente

A Rodovia dos Imigrantes tem duas pistas. Uma sobe de Santos a São Paulo:

é a pista _____. A outra desce de São Paulo

a Santos: é a pista _____.

7 Assinale uma das palavras para completar corretamente cada frase.

a) Antigamente o elevador era chamado de ★.
- ☐ ascensor
- ☐ acensor

b) Aquele que maneja o elevador chama-se ★.
- ☐ acensorista
- ☐ ascensorista

c) Desejo que o bebê ★ com saúde.
- ☐ cresça
- ☐ creça

d) Ele é extravagante; veste-se de um jeito ★.
- ☐ ecêntrico
- ☐ excêntrico

DESAFIO

A professora pediu aos alunos que escrevessem uma frase para cada ilustração. Ao escrever as frases, eles cometeram alguns erros de conjugação verbal.

✓ Sublinhe o erro em cada frase.
✓ Reescreva as frases corretamente.

Os amigos toma sorvete e conversa no parque.
_____
_____

O leão foram transportado em uma jaula.
_____
_____

Eles fazia ginástica durante o recreio da escola.
_____
_____

Os mecânicos conserta o carro.
_____
_____

Nós gosta de brincar de cabra-cega.
_____
_____

Concordância: substantivo e verbo

1 Leia o título da notícia a seguir.

> **Noruega proíbe construção de parque eólico para proteger renas selvagens que vivem no local**

Mattheus Goto. *The Greenest Post*.
Disponível em: <http://mod.lk/renas>. Acesso em: 14 mar. 2019.

a) Reescreva o título substituindo **Noruega** por **países**.
_____
_____

b) Reescreva o título substituindo **renas** por **uma rena**.
_____
_____

2 Reescreva as frases substituindo as palavras em destaque pelas indicações entre parênteses. Faça as alterações necessárias.

a) A **maçã** acabou. (amendoins)
_____

b) Meus **avós** moram a 50 quilômetros daqui. (avô)
_____

c) Nosso **time** foi campeão. (escolas)
_____

d) A **ponte** estava interditada. (estradas)
_____

e) Esta **cidade** surgiu há mais de cem anos. (povoados)
_____

f) Essas **espécies** estão ameaçadas de extinção. (animal)
_____

3 Complete as orações com os verbos do quadro.

> devem   dormiram   são
> participou   é   deveria

a) As crianças _____ bem esta noite.

b) Malala _____ uma menina muito inteligente.

c) Esta praça _____ ter mais árvores.

d) Os vizinhos deste bairro _____ bastante silenciosos.

e) A turma toda _____ da exposição.

f) Os materiais de uso pessoal _____ ser guardados em local acessível.

4 Nas frases a seguir, circule os verbos e sublinhe os substantivos aos quais eles se referem.

> Indique se os substantivos e verbos estão no plural ou no singular.

a) Os indígenas brasileiros merecem respeito.

_____

b) A preservação das matas tem importância para o mundo todo.

_____

c) A extinção de espécies também é nossa responsabilidade.

_____

d) A poluição do ar prejudica a saúde.

_____

Terminações ISAR e IZAR

1 Ligue as colunas que explicam o uso de ISAR e IZAR.

ISAR — Terminação usada quando o verbo é derivado de um substantivo ou adjetivo que **não** tem o S.

IZAR — Terminação usada quando o verbo é derivado de um substantivo ou adjetivo que **já** tem o S.

2 Leia o anúncio.

> VENDO CHÁCARA ARBORIZADA EM TERRENO **FÉRTIL** E COM LINDO **VISUAL**. ÁGUA PURA NO **LOCAL**. TEM TUDO O QUE É **PRECISO**: TRANQUILIDADE E **HARMONIA**. TRATAR NO SITE **OFICIAL**: www.aquiparaiso.com.sem

▸ Agora, escreva os verbos correspondentes às palavras destacadas. Siga o modelo.

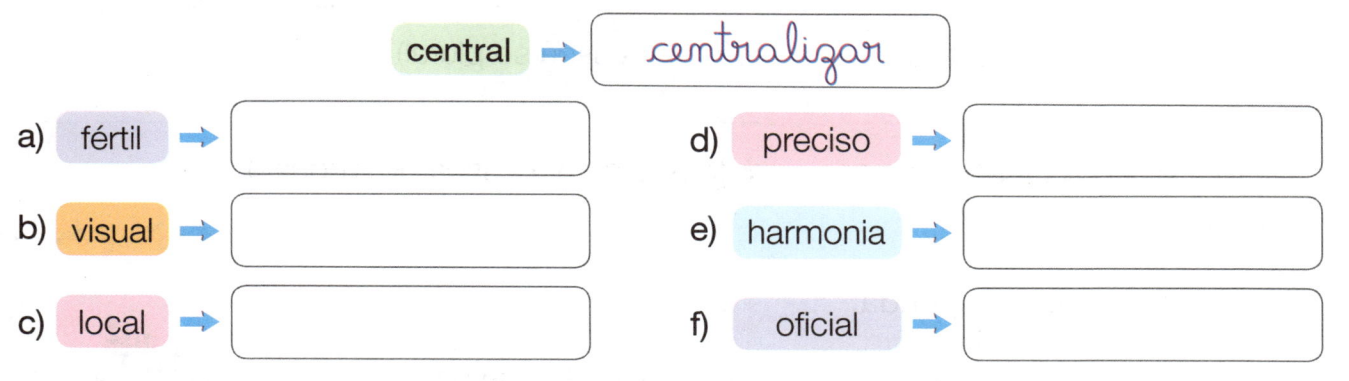

central → centralizar

a) fértil →

b) visual →

c) local →

d) preciso →

e) harmonia →

f) oficial →

3 Numa brincadeira, as crianças deveriam escrever nas plaquinhas duas palavras terminadas em ISAR e duas em IZAR.

a) Assinale com um X a criança que escreveu as quatro palavras corretamente.

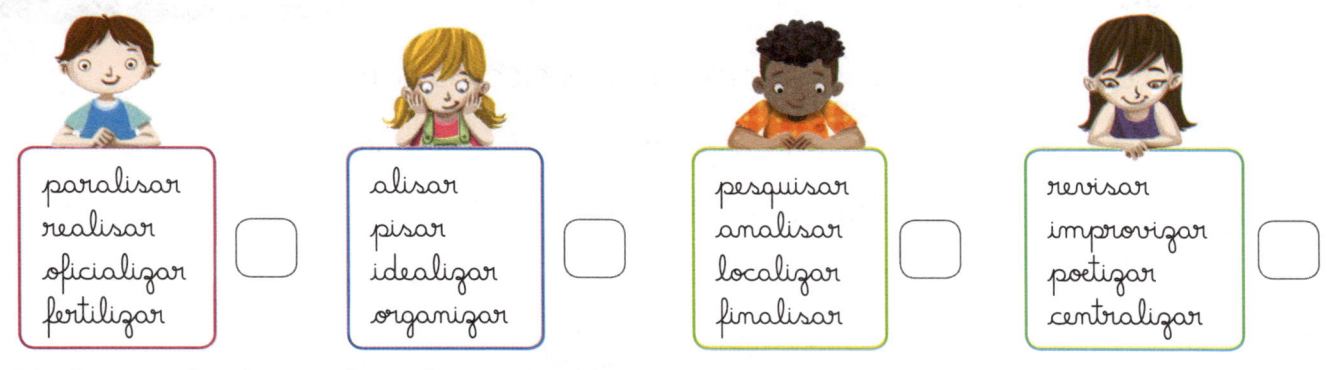

- paralisar / realisar / oficializar / fertilizar
- alisar / pisar / idealizar / organizar
- pesquisar / analisar / localizar / finalisar
- revisar / improvizar / poetizar / centralizar

b) Agora, circule as três palavras erradas e reescreva-as corretamente.

_____

Tempos verbais: presente, passado e futuro

1) Indique o tempo verbal (presente, passado ou futuro) a que pertencem estes verbos.

a) falei ➡ _____

b) semeará ➡ _____

c) divide ➡ _____

d) aprendeu ➡ _____

e) colheu ➡ _____

f) viu ➡ _____

g) agirá ➡ _____

h) sorrio ➡ _____

2) Reescreva as frases usando a pessoa gramatical indicada entre parênteses. Faça as alterações necessárias.

a) Ele estudou para a prova de Matemática. (1ª pessoa do plural)
_____

b) Ele se enganou: a prova era de Inglês. (1ª pessoa do singular)
_____

c) Ela disse que faltou organização. (3ª pessoa so plural)
_____

d) Eu ficarei atento para não errar também. (3ª pessoa do singular)
_____

3) Leia o trecho e responda.

> Quando anoitece, temos a impressão de que o Sol se esconde no horizonte e deixa a Terra escura. **Ele não se esconde; continua no centro do Sistema Solar.** Então, por que não podemos vê-lo à noite?

a) Em que tempo verbal está a informação destacada acima?

☐ Presente.   ☐ Passado.   ☐ Futuro.

b) Reescreva essa informação no futuro.
_____
_____

c) Quais palavras foram modificadas no item **b**?
_____

4 Leia o texto.

Icebergs

Os *icebergs* têm origem na deposição de neve nas geleiras próximas aos polos e levam milhares de anos para se formar. Ou seja, surgem porque geleiras antiquíssimas se quebram.

A expressão "Isso é só a ponta do *iceberg*!" significa que a parte dele que se vê, acima do nível do mar, é apenas uma fração de um imenso bloco de gelo de água pura.

Fonte: *Ciência para Crianças*. Universidade Federal do Rio de Janeiro.

a) Sublinhe todos os verbos do texto.

b) Os verbos do texto estão no tempo _____, exceto o verbo _____, que está no infinitivo.

c) Reescreva esta frase no passado.

Os *icebergs* surgem porque geleiras antiquíssimas se quebram.

_____

5 Copie as frases passando o verbo para os tempos indicados.

a) Os *icebergs* têm origem na deposição de neve nas geleiras.

Passado ➡ _____

Futuro ➡ _____

b) Os *icebergs* levam milhares de anos para se formar.

Passado ➡ _____

Futuro ➡ _____

6 No texto *Icebergs*, há um adjetivo no grau superlativo.

a) Qual é esse adjetivo? _____

b) Qual é a forma normal desse adjetivo? _____

7 Leia.

ARMANDINHO — Alexandre Beck

— HOJE NÃO É O DIA DA PROVA DE HISTÓRIA?
— É SIM!
— E VOCÊ ESTÁ PREPARADO, DINHO?
— SIM!
— USAREI TUDO O QUE APRENDI, MESTRE!

a) Circule os verbos que estão no tempo presente.

b) Copie a frase em que há um verbo no futuro e outro no passado.
_____

c) Na frase que você copiou no item **b**, circule o verbo no futuro e sublinhe o verbo no passado.

d) Reescreva a frase do item **b** como se Armandinho estivesse falando de um amigo.
_____

e) Se fossem várias crianças respondendo ao pai, como essa frase ficaria?
_____

f) Copie os dois vocativos dessa tirinha.
_____

8 Leia o trecho de uma canção.

Errar é útil
Sofrer é chato
Chorar é triste
Sorrir é rápido
[...]

Marcelo Jeneci e Zélia Duncan. Todos os verbos.
CD *Pelo sabor do gesto*. Biscoito Fino: 2011.

a) Sublinhe os verbos que estão no infinitivo.

b) Escreva uma frase usando dois verbos que você sublinhou.
_____

c) Escolha dois verbos e escreva uma frase conjugando-os no presente, passado ou futuro.

_____
_____
_____
_____

9 Reescreva as frases usando o tempo verbal indicado entre parênteses.

a) Eu estava pronto para o jogo. (futuro)
_____

b) No sábado, faremos uma excursão à praia. (passado)
_____

c) Meus primos e eu éramos bons jogadores de basquete. (presente)
_____

d) Eu irei aos jogos da final do campeonato. (passado)
_____

e) Você teve os melhores materiais para a competição. (futuro)
_____

10 Complete os espaços com um dos verbos sugeridos entre parênteses.

a) Ontem, os professores _____ uma reunião para definir o calendário de provas. (fizeram – farão)

b) Amanhã, os alunos _____ os *kits* para a experiência de Biologia. (receberam – receberão)

c) Meu coração _____ quando vi as condições daquele cachorro abandonado. (partirá – partiu)

d) Tu _____ da água contaminada e ficaste doente. (bebestes – bebeste)

e) Fomos nós que _____ as doações para a campanha. (arrecadamos – arrecadaremos)

Terminações AM e ÃO

1 Leia a fábula.

As lebres e as rãs

Por muito tempo, as lebres pensaram que todos os outros animais eram seus inimigos. Os medos eram tantos que decidiram se atirar no lago e morrer.

Caminharam juntas.

Enfim, chegaram à beira do lago e avistaram algumas rãs, que ali descansavam.

As rãs, apavoradas, na mesma hora se atiraram no lago.

Então, as lebres mais velhas chamaram as outras e apontaram com alegria:

— Olhem só, existem animais mais medrosos que nós!

Moral: Há sempre alguém pior do que nós.

Fábula de Esopo.

a) Circule as formas verbais terminadas em **AM**.

b) Copie a fábula passando para o futuro os verbos que você circulou.

_____
_____
_____
_____
_____
_____
_____
_____
_____
_____

2 Complete a notícia com os verbos do quadro.

> é   esperam   aterrissou   terão

[...] Após o primeiro exame feito pela Curiosity, os astrônomos envolvidos no projeto _____ a oportunidade de receber os dados e realizar outras investigações a respeito da constituição do objeto a partir dos laboratórios da NASA.

Na última semana, a agência espacial norte-americana também passou a contar com outra sonda no Planeta Vermelho: após percorrer 480 milhões de quilômetros, a InSight _____ com sucesso na superfície marciana.

A InSight _____ a primeira missão destinada ao estudo do interior do planeta: os cientistas _____ captar mais informações sobre a constituição geológica de Marte, como o tamanho e a composição de seu núcleo. [...]

Galileu. Sonda Curiosity flagra objeto brilhante na superfície de Marte. Disponível em: <http://mod.lk/mnccr>. Acesso em: 29 maio 2019.

Detalhe de objeto brilhante localizado pela sonda Curiosity.

a) O primeiro verbo que você usou para completar a notícia está em que tempo?

b) Por que foi usado esse tempo verbal?

c) Em que tempo está o segundo verbo que você usou para completar a notícia?

d) Por que foi usado esse tempo verbal?

e) Quais verbos estão no presente?

DESAFIO

Há três "intrusos" em cada grupo de verbos abaixo.
✓ Descubra quais são e pinte os quadrinhos em que eles aparecem.

No passado eles...

cantavam	sonhavam	dançavam
comiam	pintarão	lutavam
desenhavam	andam	lutarão

Hoje, nós...

cantaremos	sonhamos	amaremos
comemos	pintamos	dançamos
desenhamos	brincamos	lutávamos

No futuro, eles...

sonharão	dançarão	dançam
brincarão	cantaram	correrão
pintaram	comerão	lutarão

88